詩人紀伯倫曾經寫道：「如果夢想是人生之船的舵，那麼態度則是人生之船的帆。」

確實如此，一個人面對生活的心態會決定自己未來將航向何方，如果光有滿腦子想法，卻沒有半點做法，那麼這種夢想，充其量只是虛無的空想。如果你不想讓未來的自己討厭現在的自己，那麼就必須要求自己努力再努力。態度，決定你的人生高度，如果你一直消極、悲觀、畏縮，只會用負面的角度看世界，那麼就註定一輩子活得卑微。唯有學會積極、正面地對待，才可能讓自己的人生更加精采。

別讓
將來的你，
瞧不起現在的自己

Change your future

用積極的心態
改變
自己的未來

王渡——編著

別讓將來的你，瞧不起現在的自己

態度，決定你的人生高度，如果你一直消極、悲觀、畏縮，只會用負面的角度看世界，那麼就註定一輩子活得卑微。

　　黎巴嫩詩人紀伯倫曾經寫道：「如果夢想是人生之船的舵，那麼態度則是人生之船的帆。」

　　確實如此，一個人面對生活的心態，會決定自己未來將航向何方，如果光有滿腦子想法，卻沒有半點做法，那麼這種夢想，充其量只是虛無的空想。

　　如果你不想讓未來的你討厭現在的自己，那麼就必須從現在開始，要求自己努力再努力。

　　有一部熱門的日本動漫名字叫做「航海王」，講的是一群年輕人尋找自己夢想的故事。

　　故事的主人公之一魯夫，小的時候被自稱海盜的紅髮傑克從一隻怪魚的口中救下，傑克因此而失去了一隻胳膊。小魯夫十分感激傑克的救命之恩，同時，被傑克為首的一群海盜的俠義行為感染，立志成為可以找到名為「One Piece」寶藏的海賊王，也就是海盜中的最強者。

　　小魯夫長大後，就出海追逐自己的夢想。

在魯夫追尋夢想的過程中，結識了與他一樣，不斷尋求自己的夢想的同伴：一個是索隆，他的夢想是成為世界第一流的劍客；一個是娜美，她的夢想是環遊世界，並在此過程中自己繪製一張世界地圖；一個是香吉士，他的夢想是到稱為廚師天堂的海域中，尋找各種難得的食材；一個是騙人布，他的夢想是出海尋找他的父親，並成為一名真正厲害的海盜；還有羅賓和喬巴，羅賓的夢想是找尋真實的歷史，喬巴則是一隻會講話，具有超強學習能力的藍鼻子小鹿，他的夢想是成為一名真正海盜醫生。

他們這一群人一起追求各自的夢想，在海上的旅途中經歷了種種艱辛和危險，雖然也曾有過失望和沮喪，可是他們還是堅持了下來，他們心中的夢想是力量的源泉和克服危險的法寶。

這個故事告訴我們，人要有夢想，有了夢想，只要堅持努力，就一定能夠將夢想變為現實。

其實，哪個人沒有過夢想呢？

我們小的時候曾經有過許多可能實現的夢想──成為科學家、醫生、老師……等等。可是，隨著慢慢長大，這些夢想被一些現實的力量衝破。於是，這些兒時的想法也就只能成為我們長大後與舊友閒聊的內容而已。

是什麼阻止了我們追尋自己夢想的腳步？怎樣才能讓夢想變成現實？

要知道我們為什麼不能實現自己的夢想，需要先回想一下自己的心路歷程，問問自己幾個問題：我們的夢想是怎麼產生的？我們的夢想合理嗎？我們為自己的夢想付出了多少努力？

首先要回答的是，我們的夢想是怎麼產生的。

名作家三毛的一篇文章中，提到她小的時候作文寫得十分不錯，每次寫的文章都被老師當作範文，要她唸給全班的同學聽。有一次，作文的題目是〈我的理想〉，三毛寫好的作文，老師看也沒看，照例要她唸出來。

三毛作文的大意是希望長大以後成為一名撿破爛的人，這樣她就可以總是在別人扔掉的東西裡面撿到自己想要的東西。

這篇文章唸完後，老師勃然大怒，說這種東西是不能稱做理想的，要三毛回去改。

三毛那個時候不是很明白老師要她修改的原因，可是她還是按照老師的要求重寫一篇。改後的意思是這樣的：她希望以後能夠成為一名賣紅薯，或者其他行業的小販，這樣就可以一邊賣東西，一邊看看路邊的垃圾堆裡有沒有人扔掉不要，但是她比較喜歡又仍然有用的東西。

老師這次真的是哭笑不得，語重心長地對三毛說，只有當科學家或者醫生等等想法，才能算是真正的理想。在老師逼迫下，三毛終於就範，在作文中把自己的理想改成了以後要成為一名偉大的科學家，並且要為人類造福、為世界奉獻等等。

其實，三毛的心裡還是存著原來的希望——成為一名拾荒者，以後的生活實現了她最初的想望。在沙漠中艱苦的日子裡，三毛用廢棄物建造了一個沙漠裡的王國，讓沙漠生活變得有滋有味。拾荒者才是三毛最真實的夢想，至於科學家云云，則是老師的理想。

只有從自己內心產生出的理想，才是值得我們用畢生經歷追求的目標。

第二個要討論的問題是，我們的夢想是否合理。夢想是否合

理的判斷方法不是非常難，比如，如果你的夢想是做超人、蜘蛛人、蝙蝠俠，這個就是不合理的夢想，因為即使你再努力，也不能變成他們。

又或者如果你是一個徹底的音癡，卻偏偏要成為一名音樂家，恐怕很難實現，這也不是一個合理的夢想。

最後一個問題，也是最重要的一個問題，就是我們為自己的夢想付出了多少努力。很多人的合理的理想無法實現，最主要的原因在於他們為自己的理想付出的太少。

有一部日本漫畫叫做《棋魂》，講的是一個關於圍棋高手的故事。故事主角之一的塔矢亮，是一個少年圍棋高手。塔矢亮小的時候，有一次走在路上問爸爸，他是否有成為一名圍棋高手的天賦。他的爸爸這樣回答：「我不知道你是不是有這樣的天賦，我所知道的就是，你有比任何人都喜歡圍棋的熱情和不斷為圍棋努力的執著。」

的確是這樣，即使有天賦的優勢，倘若不繼續努力，最後也會成為一個庸才。何況，我們大部分人都是平凡人呢？

有夢想的人生是最美的人生，有合理夢想的人從不會在現實中沉淪。你何時看到一個有著積極夢想的人，整日沉迷在遊戲當中？你又是否見過一個有著自己的夢想的人，為同事之間的微小恩怨牽絆？

夢想就是天空中的北極星，在迷茫時指引著人們前進的方向。夢想也是人們生活中的安慰劑，在需要艱苦奮鬥的日子裡帶來一絲絲的甜蜜。

如果你也有自己的夢想，那麼，不要再猶豫了，讓我們一起

為自己的夢想努力地奮鬥，成為主角的那一天，馬上就會到來。

　　作家泰勒曾經寫道：「夢想雖然沒有重量，但是，它卻可以像一根槓桿，輕易地撬開橫阻在你面前的千斤巨石。」

　　的確，一個人只要懷抱著夢想，就可以激發連自己都想像不到的龐大能量。但是，前提是你必須充滿築夢的熱情，堅信自己的夢想最後一定可以成真，才能排除艱難和阻礙，朝自己的夢想前進。

　　態度，決定你的人生高度，如果你一直消極、悲觀、畏縮，只會用負面的角度看世界，那麼就註定一輩子活得卑微。

　　唯有學會積極、正面地對待，才可能讓自己的人生更加精采。

C ONTENTS

PART 1
追夢的人生就是成功的人生

每個人的內心深處都存有對夢想的憧憬，
對成功的期盼，對勝利的渴求。
只要心中有著一份執著，
相信任何困難都會克服。

PART 2
有想法，也要有具體的做法

夢想應當是觸手可及的，
只要我們每天、每時、每刻都努力一點，
最終一定會走完這條充滿挑戰的荊棘之路，
體會到一種前所未有的充實與滿足。

PART 3
發揮自己的長處，便能找到出路

在認識自己的過程中，
需要花一點時間知道自己的興趣在哪裡，
所有的事情都要我們自己完成，
認識自己也不例外。

PART 4
克服自卑才有當主角的機會

選擇當一個襯托他人的配角，
還是成為舉足輕重、影響大局的主角，
有時候就在自卑和自信的一念之間。

C ONTENTS

PART 7
一旦放棄，便錯失當主角的良機

想當一個受人矚目又禁得起時間考驗的主角，
就絕對不能輕言放棄。
不曾歷經種種磨難的配角，不可能成為主角。

PART 8
只要不放棄，小人物也能創造傳奇

當我們下定決心開始追逐夢想時，
所能做的就是從自身所處的環境出發，
利用有利條件，
完成這個偉大的使命。

C ONTENTS

PART 9
光做白日夢，最後仍是一場空

人不能生活在幻想和美夢當中，
也不能生活在回憶和悔恨當中，
我們所能做的就是將自己的夢想
轉化為現實，即「把握當下」。

PART 10
與其依賴魔法，不如自己想辦法

在理想與現實的差距面前，
只有用勇氣與力量去正視它、克服它，
才能將夢想轉化為現實，
而不是幻想依靠虛無的「魔法」。

PART 1

追夢的人生就是
成功的人生

每個人的內心深處都存有對夢想的憧憬，

對成功的期盼，對勝利的渴求。

只要心中有著一份執著，

相信任何困難都會克服。

用勇氣面對挫折，就是成功的法則

當挫折站在我們的面前時，必須選擇迎接挫折，毫無畏懼，雖然我們為此付出了辛勤的勞動，卻可收穫許多。

人生就像是一趟旅行，你會遇到風和日麗的晴天，也會遭遇狂風大作的暴風雨；你發現太陽的絢麗奪目，也會感受到烏雲的陰霾灰暗；你會體會成功的欣喜，也曾感嘆失敗的辛酸；你會感受到萬千寵愛集於一身的驚喜，也會慨嘆人情冷暖、世態炎涼。

在人生的路上，你會嚐到甜蜜、幸福、喜悅的滋味，也一定會遭遇失望、彷徨、苦楚的味道。這就是人生，這就是一生中必然要過的門檻，要渡的河水，沒有人能躲過，只有對待的態度不同而已。

在這個世界上，有陽光，就必定有烏雲；有晴天，就必定有風雨。從烏雲中解脫出來的陽光會比從前更加燦爛，經歷過風雨的天空會更加清澄，也會綻出美麗的彩虹。

人們都希望自己的生活中能夠多一些快樂，少一些痛苦，多些順利，少些挫折。可是命運卻似乎總愛捉弄人、折磨人，給人更多的失落、痛苦和挫折。

人生在世，誰都會遇到挫折，適度的挫折具有一定的積極意義，它可以幫助人們驅走惰性，促使人奮進。築夢的過程中，挫

折也是一種挑戰和考驗。

英國哲學家法蘭西斯‧培根曾經說過：「超越自然的奇蹟多是在對逆境的征服中出現的。」

創造奇蹟的關鍵就在於如何面對挫折。

當挫折站在我們的面前時，我們開始了選擇。

正如世上沒有完全相同的樹葉一樣，人與人的選擇也是不盡相同的。我們可以選擇避開挫折，繞道而行，不必爲了遇到挫折而難過，也不用去付出些什麼努力；我們也可以選擇迎接挫折，毫無畏懼，雖然我們爲此付出了辛勤的勞動，卻可收穫許多，有戰勝苦難的喜悅與興奮，有苦中作樂的甜蜜，也有了今後戰勝困難的勇氣。

日本經營之神松下幸之助出身貧寒，但目光敏銳，十幾歲就發現電器行業將來大有可爲，決定投身這個行業。他到一家電器工廠謀職，這家工廠人事主管看著面前的小夥子衣著骯髒，身體又瘦又小，覺得不理想，信口說：「我們暫時不缺人，你以後再來看看吧。」

這本是個推託之詞，沒想到一個月後松下竟眞的來了，那位負責人又推託說：「現在我有事，過幾天再說吧。」

隔了幾天松下又來了，如此反覆了多次，主管只好直接說出自己的態度：「你這樣髒兮兮的進不了我們的工廠。」

於是，松下立即回去借錢買了一身整齊的衣服穿上，再次前來面試。

負責人看他如此死纏爛打，只好對他說：「關於電器方面的知識，你知道得太少了，我們不能要你。」

不料兩個月後，松下再次出現在人事主管面前：「我已經學

會了不少有關電器方面的知識，您看我哪些方面還有欠缺，我一項一項彌補。」

這位人事主管緊盯著態度誠懇的松下看了半天才說：「我做這一行幾十年了，還是第一次遇到像你這樣找工作的，我真佩服你的耐心和韌性。」

松下幸之助這種不輕言放棄的精神打動了人事主管，得到了這份工作，透過不斷努力逐漸成為電器行業非凡的人物。

像松下幸之助這樣不僅不懼怕拒絕打擊，反而越挫越勇，主動面對挫折的人真是為數不多。

首先，幸之助先生看準了電器行業是個有發展前途的行業，立志要加入這個行業，所以他數次來到這個拒絕他的電器廠，希望能得到這份工作。

其次，當時松下幸之助對電器方面的知識知之甚少，所以不論他到哪家電器工廠找工作，可能結果都是被拒絕，與其「亂槍打鳥」，不如在同個地方累積力量，儘管可能還要遭遇拒絕。

最後，也是最重要的一點，是他不怕挫折和失敗的精神，在困難面前，不僅不裹足不前，而且勇往直前，能及時從挫折和失敗中汲取有益的經驗和教訓，及時改正自身不足。這種態度，展現了松下幸之助不屈不撓、堅忍不拔的可貴品質和個人魅力。

缺乏抵抗挫折、面對打擊的健康心態，是人生中一件悲哀的事。不具備承受失敗挫折的心理素質，即使具有良好的機遇，也會因為自身的問題，使自己與機遇擦肩而過。

有一次，松下電器公司招考一批基層管理人員，採取筆試與面試相結合的方法。計劃招聘十人，報考的卻有幾百人，經過筆

試與面試層層考驗之後，選出了十位佼佼者。

松下發現有一位成績特別出色，面試時讓他留下深刻印象的年輕人未列入十人之中，當即叫人複查考試情況，結果發現這個名爲福田三郎的年輕人綜合成績名列第二，誰知電腦故障，把分數名次排錯，導致福田三郎落選。於是，松下立即要求人事部門補發了錄取通知書。

第二天公司派人轉告松下先生一個驚人的消息，福田三郎因沒被錄取而跳樓自殺，錄取通知書送到時，他已經死了。

聽到這一消息，松下沈默良久。一位助手在一旁自言自語道：「多可惜，這麼一位有才華的青年，我們沒有錄取他。」

「不，」松下搖搖頭說道：「幸虧我們公司沒有錄用他，意志如此不堅定的人是做不成大事的。」

用勇氣面對挫折就是成功的法則，眞正的強者是屢敗屢戰的。

人的一生總是充滿挫折和打擊，一個意志不堅定的人只會做夢，卻難以圓夢。僅僅因爲一次求職的失敗就選擇輕生，這是何等脆弱，又將如何面對以後人生路上的風雨和坎坷？

不忘記微笑，就不會被擊倒

當你遭遇挫折，不要絕望，當你笑迎生活的時候，生活必定將最美好的一面呈現給你，快樂就會重新出現。

生活就像一面鏡子，你對它微笑，它就對你微笑；困難像彈簧，你強它就弱，你弱它就強。然而，大多數人就像下面這個實驗裡的大魚一樣，被挫折嚇破膽，不敢再去嘗試新的想法，因為傷痕累累而放棄了原先的想法。

讓我們看看下面這個實驗：在第一個階段，研究人員把普通的小魚和兇猛的大魚放在同一個水槽中，沒多久小魚就被吞食殆盡。

在第二個階段，他們仍然把這兩種魚放在同一個小槽，不過中間卻隔了塊透明玻璃，每當大魚想要大快朵頤時，都因碰到玻璃無功而返。久而久之，魚兒個個精疲力竭無法動彈。

接著便進入第三個階段，他們把中間的那塊透明玻璃除掉，這時大魚眼睜睜看著小魚在身邊游來游去，卻沒有任何動作。因為看得到卻吃不到的經驗，使得大魚心灰意冷了，根本不想去吞食小魚。

在追夢的過程，感到灰心喪氣的時候，不妨捫心自問：「自

己是不是也像實驗中的大魚呢？」

當我們做一件事情讓我們身心俱疲卻毫無進展的時候，我們常常草草了事，等下次再次遇到同類事件時，我們是不是唯恐避之不及呢？

挫折真的就是不可克服的嗎？還是我們一直活在失敗和挫折的陰影裡，始終都沒有走出來？

美國著名的詩人兼思想家愛默生說過：「千萬不要絕望，即是絕望了，仍要在絕望中繼續做下去。」

一個被挫折擊倒的人，即使時機來臨，卻已如槁木死灰，無動於衷了。

英國史學家卡萊爾費盡心血，經過多年的努力，總算完成《法國大革命史》的全部文稿，將這本巨著的原稿交給朋友米爾閱讀，請米爾批評指教。

隔了幾天，米爾臉色蒼白，渾身發抖跑來，向卡萊爾報告一個悲慘的消息。原來《法國大革命史》的原稿，除了少數幾張散頁外，已經全被他家裡的女傭當作廢紙，丟入火爐化為灰燼了。

卡萊爾非常傷心，他嘔心瀝血所撰寫的這部《法國大革命史》，當初每寫完一章，隨手就把原來的筆記撕成粉碎，並沒有留下任何記錄。

第二天，卡萊爾重振精神，又買了一大疊稿紙開始重寫。他後來說：「這一切就像我把作業簿拿給小學老師批改時，老師對我說『不行！孩子，你一定要寫得更好些』一樣。」

所以，我們現在讀到的《法國大革命史》，是卡萊爾重新寫過的。

著名的發明家愛迪生費盡大半生的財力，建立了龐大的實驗室，但很不幸的，一場大火造成了嚴重的損失，一生的研究心血幾乎付之一炬。

當他的兒子在火場附近焦急地找他父親時，看到已經六十七歲的愛迪生，居然平靜得坐在一個小斜坡上，看著熊熊的大火燒盡一切。

愛迪生看兒子來找他，扯開喉嚨叫兒子快去找媽媽來，「快把她找來，讓她看看這難得一見的大火吧！」

大家都以為，這場大火可能對愛迪生造成了重大的打擊，但是他說：「大火燒去了所有的錯誤。感謝上帝，我們又可以重新開始了。」

沒多久，愛迪生就發明留聲機了。

你曾否遭遇過必須一切重新再來的打擊？不要覺得這是浪費時間或白費心血，或許第二次會做得更好，得失尚難定論。接受這些挫折吧！畢竟事情已無法彌補，打起精神再接再厲，反而會孕育出新的契機。

苦難是一所沒人願意上的大學，但從那裡畢業的，都是強者；火是黃金的考驗者，災難是堅強人的考驗者。

卡萊爾在畢生心血付之一炬的情況下仍鎮定自若，重新提筆，再次創作《法國大革命史》；愛迪生在實驗上萬次失敗後，仍然樂觀的說「我知道這幾千種材料都不能用作電燈泡的材料」，終於發現鎢絲是最適合材料，發明了電燈；義大利傑出的小提琴家帕格尼尼被關監獄裡仍自得其樂，用破舊的小提琴練琴和演奏；波蘭偉大詩人密茨凱在牢房裡構思詩作，在放逐途中創作著名的《十四行詩集》。

　　挫折並沒有阻止他們的腳步，反而鼓舞了他們的鬥志，幫助他們完成了從谷底爬出來的這一段艱辛歷程。種種事例都說明一個重點：失敗不是氣餒的來源，而是新鮮的刺激。

　　人生在世，不可能永遠春風得意，事事順心。面對挫折能夠虛懷若谷，大智若愚，保持恬淡平和的心境，是徹悟人生的大度。

　　一個人想要保持健康的心境，就需要昇華精神，修練道德，積蓄能量，讓自己風趣樂觀。正如馬克思所言：「一種美好的心情，比十副良藥更能解除生理上的疲憊和痛楚。」

　　我很欣賞一個比喻：「每個人的心都像一個水晶球，晶瑩閃爍，一旦遭受不測，忠於生命的人，總是將五顏六色折射到自己生命中的每一個角落。」

　　當你遭遇挫折，當你陷入痛苦無法自拔，不要灰心，不要絕望，無論你此刻已經失去了什麼，你仍然擁有著你最寶貴的東西——生命，請試著對著鏡子露出微笑，當你笑迎生活的時候，生活必定將最美好的一面呈現給你，快樂就會重新出現。用快樂打造生活，用毅力追求夢想，時間終究會沖淡一切痛苦，一切傷痛，唯有生命才會成為永恆。

　　我們成長的過程曲折坎坷，總是伴隨著辛酸與煩惱。挫折好比一塊把刀劍磨得更鋒利的磨刀石，生命只有經歷了它的磨練，才能閃耀出奪目的光芒。不經歷風雨怎能見彩虹？經歷了挫折的成長更有意義，挫折其實是一筆財富。

　　多少次艱辛的求索，多少次噙淚的跌倒與爬起，都如同花開花落一般，為我們今後的人生道路做了鋪墊。一排排歪歪曲曲的腳印，記錄著我們成長的足跡，只有經受了挫折，行動才會更加有力，人生的足跡才能更加堅實。

只要有夢，人生就希望無窮

不妨做一個美夢到天明，即使明天仍是灰色
的。只要有夢，就有未來，還有什麼事情比熱
愛生活更加重要？

對於人類來說，人生最為寶貴的是什麼東西？

我想，很多人都會不約而同地認為答案就是夢想。正是因為
懷抱著夢想，才使人類變得如此偉大，才使得人之所以為人。

夢想就如靈魂的終極歸宿，使我們的肉體有了棲身之所，如
果一個人擁有了夢想並且努力加以付諸實踐，那就意味著他找到
了自己生存的意義，確定了自己生存的方式以及生活的狀態。

毫無疑問，能夠尋找到生存意義的人是最幸福的，若每天心
不在焉地過日子，根本無法找到自己的生存意義。

中世紀著名的德國宗教改革活動家馬丁·路德曾說過一句名
言：「即使明天世界即將毀滅，我仍然會種下自己的葡萄樹。」

他的話語讓我們意識到無論自己身處何種悲慘境界，哪怕所
有的厄運都由自己一人背負，心中的聖火也不能熄滅，生活的夢
想更不能破滅。

「只要有夢，人生就希望無窮」，再怎麼微小的力量都能夠
發展成強大的勢力，要相信所有的一切都會慢慢好轉。

夢想使我們承受了生命中應該承受的一切，開始更加懂得生

命本身賦予我們的價值與意義，體會到了生命的眞諦。

美國總統林肯在談論到人生的意義時，指出：「我生而為人，就有義務去體會生存的意義。」

固然我們可以從許多事物中去尋求生存的意義，以自己認可的方式界定人生的價值，但其中最有價值的，無疑是從不斷的學習、工作中，發現自己的生存意義。

在這個過程中，會發現自己在無形中產生克服困難與煩擾的勇氣，自己正不斷地成熟壯大。

擁有夢想並不意味著生存價值的即刻實現，生存的意義不是靠等待就能獲得，也不是別人隨意就可以傳授給我們的，如果沒有尋求的慾望和圓夢的動力，沒有持之以恆的執著，什麼也不能獲得。

菲律賓諺語說：「只有希望而沒有實踐，那麼就只能在夢裡收穫。」

的確，如果一個人光有希望和夢想，而絲毫不用行動去實現，那麼這種希望和夢想，充其量只是一種夢醒之後就幻滅的空想。

因此，如果你不想讓自己充滿希望的未來只是一場「美夢」，你就必須用實際的行動去讓你的美夢成眞。

人生有夢，築夢必須踏實，重要的並非你夢想成為什麼，而是你該如何築夢，如何藉著心中的夢想，讓自己不斷向上躍昇。

想讓自己活得更耀眼，就必須試著把夢想當成前進的動力，用積極的想法驅逐消極的做法，按部就班踏穩自己前進的步伐，才能美夢成眞。

　　只要有夢，就有未來，還有什麼事情比熱愛生活更加重要？

　　生活就像一面鏡子，你對它微笑，它就對你微笑；困難像彈簧，你強它就弱，你弱它就強。

　　我們成長的過程曲折坎坷，總是伴隨著辛酸與煩惱。挫折好比一塊把刀劍磨得更鋒利的磨刀石，生命只有經歷了它的磨練，才能閃耀出奪目的光芒。

　　不經歷一番風雨怎能見到絢麗的彩虹？經歷了挫折的成長更有意義，挫折其實是一筆圓夢的財富。

　　多少次艱辛的求索，多少次噙淚的跌倒與爬起，都如同花開花落一般，為我們今後的人生道路做了鋪墊。一排排歪歪曲曲的腳印，記錄著我們成長的足跡，只有經受了挫折，行動才會更加有力，人生的足跡才能更加堅實。

心願，就要努力讓它實現

 悖離自己的現實條件和性格特質，空談一些根本無法實現的夢想，不僅會浪費自己的寶貴時間，更會增加痛苦的人生經歷。

　　長久以來，我們似乎不自覺地重複一個認知的錯誤，那就是對任何事物都有著高低貴賤的區分，主觀地認為自己的夢想是多麼偉大，而別人的人生目標實在沒有多大出息。

　　由於生活環境與先天性格特質的差異，每個人所確立的人生目標根本不會一致，沒有人有任何理由可以高估自己、詆毀別人。正如西方一位先哲所說：「如果一個人憑著自己的努力實現了人生目標，那麼他贏得的是大家的尊重，而不是對其目標的嘲笑。」

　　鮑玉兒‧達爾所寫的勵志書籍《我想看》，讓人深深感動於她的執著，感動於她的「小小」心願。

　　作者是個盲眼婦女，失去視覺近乎半世紀之久，但心中一直懷抱著夢想。她在書中敘述道：「我只有一隻眼睛，卻又佈滿傷痕，只能奮力透過眼睛左邊的一個小部分看東西。讀書的時候，我得把書本舉到眼前，並且用力把眼睛擠到左邊去。那時候的我簡直糟糕透頂，只想著一件事──我要堅持，我要多讀點書，無論怎樣都要為社會做點什麼。」

　　鮑玉兒不願接受別人的同情，也不願被視為「與眾不同」。

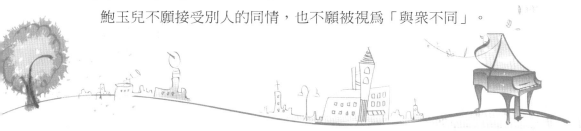

　　小的時候，她很想和其他孩子玩「跳房子」的遊戲，卻看不到地上劃的線。於是，她便等到孩子們回家以後，獨自一個人趴在地上尋找劃在地上的線，並且努力記住線的位置，等下次再和其他孩子們玩耍的時候，「跳房子」的遊戲已難不倒她。

　　即使她的眼睛不方便，依然用功讀書、努力不懈，後來取得了明尼蘇達大學的文學學士學位和哥倫比亞大學的文學碩士學位。接著在明尼蘇達州的攣谷村執教，後來升至新聞系教授。

　　她在書中寫道：「在我內心深處，一直隱藏著對眼盲的恐懼，我甚至不敢相信我是一個有用的人。為了克服這種念頭，我堅持下來，一點一點地做出些什麼，我選擇了快樂，一種近乎嬉鬧的生活態度。」

　　拿破崙的經典名言：「不想當將軍的士兵不是好士兵」，在當今社會依然有著非同尋常的影響力和激勵作用，許多人也以此作為自己奮鬥的座右銘。

　　當然，一個人擁有強烈的進取心是件好事，本身也並無不對，但是，這個社會需要如此多的「將軍」嗎？或者有這麼多「士兵」能當上「將軍」嗎？

　　如果每個人都是「將軍」，那麼誰來當士兵呢？

　　據說,克雷曼年幼的時候家裡生活十分貧困，他的父親對他的教育一直很嚴格。有一次，父親問他等他長大了想做什麼，克雷曼不加思索地回答，說他想做一名快樂的小丑。

　　父親很高興，不但沒有責罵他沒有出息，反而鼓勵他說：「加油吧，我的孩子，我想你一定會成功的，因為你給別人帶來了無盡的快樂！」

在父親的影響下，克雷曼終於成為了西方著名的滑稽劇大師。

不論是「將軍」還是「小丑」，本質上並無太大差異，成為對社會有用的人才，才是最重要的。

西方有句值得我們深思的諺語說：「如果你做不了月亮，請做一顆星星；如果你做不了大山，請做一棵小草。朋友，請不要認為這有多大的區別，其實兩者並無二致。」

在這個前提之下，我們需要仔細地判斷自己到底屬於「月亮」還是屬於「星星」，這是一個自我發現的過程。

如果悖離自己的現實條件和性格特質，空談一些根本無法實現的夢想，或者選擇錯誤的角色定位，是極其可悲的，不僅會浪費自己的寶貴時間，更會增加痛苦的人生經歷。

我們應當堅信，我們播種在泥土中的夢想種子，必將會生根發芽，成長茁壯為大樹。我們的腳步所停止的地方，正是他人夢想的起點，夢想會使我們的努力更加接近於完美。因此，我們必須給後來者一個美好的藍圖，使我們的人生值得他們效法模仿。

如果不想虛度此生，就應當從現在做起，編織自己的夢想，實踐自己的人生目標。如果還沒有確定一個恰當的目標，那麼就先完成手邊的工作，不管這些工作是多麼微不足道。

如此，才能逐漸集中注意力，養成果敢的性格，才能有充沛的精力，為將來完成更高的目標打下基礎。

追夢的人生就是成功的人生

每個人的內心深處都存有對夢想的憧憬，對成功的期盼，對勝利的渴求。只要心中有著一份執著，相信任何困難都會克服。

　　無論我們身處順境還是困境，只要還有精神力量存在或是擁有精神寄託，便會激發無窮的力量幫助我們戰勝苦難。

　　夢想就是無堅不摧的精神力量，身陷逆境中的人，只要仍有夢想存在，就能發揮精神力量幫助自己戰勝困難。

　　胸中存有夢想的人在逆境中，總會時時給自己找希望，幫助自己走出困境。沒有人喜歡挫折，也沒有人願意一無所獲。但是，當我們生活在現實世界，汲汲營營追求幸福時，人生主要目標之一卻是最大限度地減少挫折、增加快樂。

　　千萬要記住，如果不想被平庸無奇的生活「冷卻」了熱情，就得用生命的激情與辛勤的汗水把生命這盆冷水煮沸。

　　有個人二十一歲時生意失敗，二十二歲時參加州議員競選失敗，二十四歲時生意再次遭受挫折，二十八歲時心愛的人辭世而去，三十四歲時參加國會競選失敗，四十五歲時競選參議員失敗，四十七歲時競選副總統受挫，四十九歲時競選參議員失敗，但是，林林總總的失意挫折並未讓他灰心喪志，終於在五十二歲時當選美國總統。

他就是亞伯拉罕‧林肯。

西方著名的勵志大師馬登、卡內基、拿破崙‧希爾、安東尼‧羅賓都對林肯的爲人和精神推崇備至，林肯對他們一生有非常大的影響力。卡內基更把林肯視爲自己的楷模，汲取林肯的生活經驗、奮鬥精神和偉大的夢想，鼓勵自己戰勝困難、走向成功的勇氣。

在卡內基課程中，多次提到林肯的故事，彷彿林肯就是他的一面鏡子。

假如林肯面對暫時的挫折就不再前行、不再奮鬥，那麼他只能是一個普通的律師，不可能成爲美國歷史上偉大的總統。

卡內基從林肯的奮鬥歷程中汲取了有益的經驗，每當他遇到困難時，只要想起了林肯，渾身就充滿著向夢想前進的動力。

每個人的內心深處都存有對夢想的憧憬，對成功的期盼，對勝利的渴求。

只要心中有著一份執著，相信任何困難都會克服。

曾經有一位美國將軍，在一次戰敗後帶著殘兵敗將漂流於海上，茫茫大海上他們早已彈盡糧絕，然而海水仍然無邊無際，根本看不到岸邊。

眼看死神即將逼近，將軍撿起甲板上的一只空瓶，寫了一封求救信塞進瓶中，讓部下將瓶子向祖國的方向投去，希望這只瓶子能夠隨海漂回祖國，將他們遇難的消息通知國人。

部下對將軍的做法深表懷疑，將軍卻堅定地看著遠方說：「我將求生的希望放入瓶中，瓶子一定會漂回我們的國度，帶給我們好運的。」

幾天後，將軍和奄奄一息的部將被經過的船隻救上了岸，那

個滿載希望的瓶子，也在幾個世紀後漂回將軍的國度。

　　或許有人會認為這種「瓶中信」的故事太過於虛幻，缺乏真實性。但我想說的是，正是因為身陷困境之時還保有了夢想與希望，人類的生活才有了如此豐富的精神內涵，沒有夢想的生活我們是無法想像的。

　　沃納維格曾經如此寫道：「有時候，看起來最荒唐和最輕率的夢想，往往會導致最非凡的成功。」

　　因此，千萬不要不敢「做夢」，因為，只要你在「做夢」之後，能夠按照自己所做的「夢境」去逐步實現，那麼即便你做的是別人嗤之以鼻的「春秋大夢」，也終究會有成真的一天。

未來的人生由自己決定

 一個人的性格總是處於不斷變化之中，一方面，它可以改進變得更好；另一方面，它也可能墮落而變得更壞。

　　生命的歷程中，相信很多人都有這樣一種體會，隨著思考的成熟，我們很容易被某些問題困擾，不斷問自己：「我究竟屬於哪種人，我的個性如何，我以後能為社會做些什麼？」

　　提出這些問題並非偶然，代表自己已經開始思考如何在社會中立足的問題，某種程度上，這是成熟的表現。

　　由於受周圍環境、先天的性格特質及後天的教育因素影響，每個人都形成獨特的個性，在追求人生目標的道路上也各有差異。因此，在尋夢的過程中，需要透過自身的努力以及對現實生活的敏銳性，定位和發掘自己的個性特徵，只有真正做到這一點，人生的規劃才不至於脫離正確的人生軌道。

　　我想要成為什麼樣的人？也許現在很難具體而準確地作答，一個人的個性在成長早期很難被發現，並且伴隨著內外部因素的改變，還會有所變動。

　　個性是在各式各樣的環境中，在個人或多或少的調節和控制下形成的，也就是說，個性是訓練出來的結果。

　　有位心理學家曾經這麼說：「我認為，不管多麼微不足道的

事情，你的任何做法都受到自己個性的影響，儘管你可以藐視它，但實際上，你已經處於它的統治之中。」

西方現代心理學的研究說明，人的個性大體上可以分為兩大類：外向型性格和內向型性格，兩者在行為表現方面有著較大的差異。

通常外向型性格的人活力充沛，為人爽朗，喜歡與別人打交道，在與人合作中得到很大的樂趣。但是，他們不注重細節，獨處時無法忍受寂寞。

與此相反的是內向型性格的人，這類人極其敏感，注重細節，沒有權力慾望，喜歡獨處，專注於個人的事務，基本上屬於「自給自足」的類型。

由性格差異衍生出的職業角色選擇同樣有所區別，外向型性格的人通常熱衷於職業經理人、律師、金融分析師和企業業務人員等，而內向型性格的人喜歡從事作家、科學工作者、藝術工作者等相關工作。

從社會整體發展所需要的人才來看，內向性格和外向性格並沒有絕對的優劣之分，只要努力地發掘自身的個性特質，每個人都會找到屬於自己的一片天地。

美國佛羅里達州的一個小鎮上，有個名叫凱瑟琳的小女孩，個性十分內向，對自己更是充滿了自卑感，每當站在鏡子前看見自己的身材時，總是惱怒地想著：「我怎麼看起來這麼胖？」

因此，凱瑟琳從不和其他孩子們一起去玩耍。

非常害羞的她甚至覺得，自己和其他人「不一樣」，自己是個不討人喜歡的女孩。

從小便自卑的凱瑟琳，長大之後也不見好轉。

後來，她嫁給了一位比她大好幾歲的丈夫，儘管夫家上下對她十分疼愛，她始終都很沒自信，但是為了不讓丈夫失望，不得不鼓起勇氣參加各種宴會，強顏歡笑，只是這樣虛情假意的表現，讓她感到很厭煩。

「我到底在做些什麼？為什麼我要活得這麼不開心呢？」每一次宴會結束以後，凱瑟琳都煩躁地質問自己。由於情況越來越嚴重，凱瑟琳患上了嚴重的精神抑鬱症，甚至有了輕生的念頭，她覺得自己表現很差，根本是個沒有價值的人，對別人而言，她的存在可有可無。

有一天，凱瑟琳坐在花園裡看著天空，婆婆正巧走了出來，婆媳倆個人就坐在花園裡聊天。

凱瑟琳問婆婆：「媽，妳是怎麼教育孩子的，為什麼他們總是這樣開心並且充滿自信呢？」

婆婆笑著說：「沒什麼特別辦法啦！我對他們只有一個要求，盡力做好自己，盡力表現出自己的特色就夠了。」

「盡力做自己」，凱瑟琳的腦海中不斷地重複著這句話，就在那一剎那，她發現：「為什麼我要活得那樣辛苦？原來，我從來都沒有盡力表現自己，我根本是生活在一個空殼裡，也一直處在不適合自己的環境中，不知道改變生活啊！」凱瑟琳看著天空，忍不住喃喃自語：「是啊，我應該有自己的特色才是，我應該會有優點，我想我一定有和別人不同的地方！」

「那是一定的！」婆婆笑著鼓勵她。

從此以後，凱瑟琳真正找回了自己，也對生活重新燃起了希望。

每一次的行動、每一種思想和每一種感情，都可以歸因於你

所受的教養、你的習慣和你的理解力。

因此，一個人的性格總是處於不斷變化之中，一方面，它可以改進變得更好；另一方面，它也可能墮落而變得更壞，這兩種情況正如凱瑟琳變化的前後表現。

這種種的改變將會影響到人生目標的規劃，當我們設計各自的人生道路時，必須注意克服自身個性中與生俱來的缺陷，避免受到個性中消極因素的影響，使得自己做出偏離原本個性的錯誤決定。

看見自己就是看見未來

在規劃人生理想的道路時，必須清楚地認識自己，瞭解、認清自己要成為什麼樣的人，能做些什麼。

馬克思年輕的時候希望在數學領域成為一個頂尖的人物。為了完成心中的夢想，年輕的馬克思奮發努力，多方求助，獨自一人來到德國首都柏林，向當時的一位數學大師請教。

經過一段時間的相處和學習，這位教授發現馬克思並沒有在數學相關領域發展的潛質，甚至有時還顯得過於遲鈍。

為了不讓他在「錯誤」的方向上耽誤更多寶貴的時間，有天大師語重心長地告訴他：「每個人與生俱來都帶有一種特質，所能做的就是透過後天的教育將這種潛質發掘出來。如果偏離這個軌道一味蠻幹，不僅身上的潛質無法發揮，甚至連最後的結果也無法想像。你在數學領域方面缺乏悟性雖然很遺憾，但是我想你一定會在其他方面做得很成功。加油吧，年輕人！」

雖然，年輕的馬克思當時聽完教授的話很難過，不過他沒有放棄，而是更加努力地發掘自身的潛在特質，終於在哲學、社會學等相關領域，找到了發揮自己特長的空間，最終成為享譽世界的偉大導師。

人的個性是由環境造成的，人的力量是透過創造能力來衡量

的。使用同一種材料，一個人可能會建造宮殿，另一個人可能會築成茅舍；一個人建成倉庫，另一個可能建成別墅。

無論是宮殿還是倉庫，都與我們當時的目標和需要有關，都受制於當時的客觀環境，不能武斷地把最終的成果視為標準，衡量人與人之間的能力高低，因為宮殿和倉庫對於我們來說都有生活需要的價值。

然而，更為重要的是，我們如何看待自己。假設我們都是建築材料，那麼這樣一個問題便無法迴避：「在建築師眼裡，我到底是哪塊料？是紅磚，還是灰泥？」或者自問：「我天生是閃閃發亮的金子，還是乏人問津的銅鐵？」

這不僅僅是一個自我認可的過程，也是社會對我們進行價值判斷的過程。

我們需要一個答案，因為在內心深處我們依然感到惶恐和疑慮，感到一種前所未有的不確定性。

年輕時的馬克思是幸運的，得益於良師的開導，他並沒有將生命中最為寶貴的時間浪費在「錯誤」的人生目標上，更為可貴的是，他取得了屬於自己的成功。

然而，並不是所有人都有他這樣的好運，有些人由於無法對自己的個性特質做出正確的判斷，導致在人生道路上一直蹉跎，甚至一事無成。

路易斯出生在美國一個普通的工人家庭，父親是工廠工人，母親是洗衣工。路易斯年輕時最大的夢想是成為一名音樂人，但是由於天生缺乏音樂細胞，加上先天嗓音條件的限制，始終無法有所成就。

他的父母、同學以及朋友紛紛勸他放棄這種無用的努力，改行從事其他工作。

但固執的路易斯並沒有接受他們的忠告，繼續偏執地認為自己具備音樂才華，只是還沒有「爆發」而已，他在這條錯誤的人生道路上越走越遠，終其一生仍舊碌碌無為。

人都具備某些優點和缺點、長處和短處，想要選擇一條適合自己的人生道路，必須經過一番審慎衡量。

然而，由於人性中虛榮、貪婪等劣根性作祟，有的人會對自己的缺點視而不見，不斷重複一些愚蠢至極的錯誤。路易斯的例子是值得令人同情的，因為在他內心深處並沒有發覺自己在音樂方面沒有天分。

有些人雖然承認自己在某方面一無所長，卻裝出一副專家的模樣。

在法國路易十四時代，有一位名叫阿爾特的爵士，渾身上下傲氣十足，在宮廷充任機要秘書，頗受路易十四賞識。他虛榮心極強，常常自詡能文能武，是一個文武全才，如果有人反駁他，便氣得暴跳如雷。

有一次，他聽說宮廷要舉辦擊劍大賽，獲獎者將會得到皇帝的嘉獎，他連想都沒想就去報名參加。

但是，很不湊巧的，與他對陣的是一名功勳赫赫的將軍，阿爾特在比賽中左支右絀，不幸被將軍的長劍誤傷致死，終於為自己的行為付出了慘重的代價。

無獨有偶的，在英國維多利亞女王時代，有一位著名的數學學者名叫西蒙，精於算術，有著深厚的邏輯分析推理能力，不過他和阿爾特有著同樣的個性，認為自己無所不能。在當時的英國社會，修辭學的研究非常興盛，為了顯示自己的修辭學「才華」，

西蒙報名參加一年一度的修辭學學術大會，結果在年度致詞中，他所謂的「研究報告」文不對題，漏洞百出，引得全場觀眾哄堂大笑，自己也落得一鼻子灰。

在規劃人生理想的道路時，必須清楚地認識自己，瞭解、認清自己要成為什麼樣的人，實際上又能做些什麼。

如果做到了這一點，我們會走得更加踏實，更加穩定。

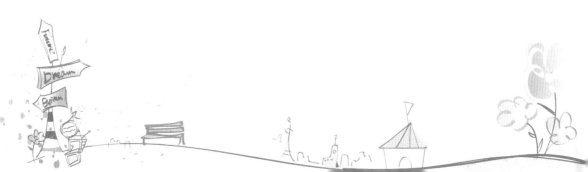

PART 2

有想法，
也要有具體的做法

夢想應當是觸手可及的，

只要我們每天、每時、每刻都努力一點，

最終一定會走完這條充滿挑戰的荊棘之路，

體會到一種前所未有的充實與滿足。

一步步向前，讓目標一步步實現

目標的實現，不僅需要耐心的等待，還必須有堅持不懈和百折不撓的奮鬥精神。有了近在咫尺的夢想，對於工作中的枯燥乏味和千辛萬苦都能夠忍受。

柯切托夫曾說：「人身上潛藏的力量發揮出來的程度，決定於一個人面前所展示的目標，決定於一個人意識到自己接近目標的程度。」

這段話揭示了我們在追求夢想的道路上應當具備的人生態度，即人生的目標應設定長遠，並且具有計劃性和挑戰性，最為重要的是用自己的實際行動將它付諸實踐，而不是流於表面，一味好高騖遠。

跆拳道選手都身著白色寬鬆的道服，腰間紮不同顏色的腰帶區分級別。初學者腰間一般紮白色腰帶，然後一級一級往上升，最高級是黑色的腰帶。如果一位跆拳道初學者夢想日後能成為黑帶高手，就必須接受時間的考驗，以及嚴格的訓練，如果沒有對夢想的堅定信念和執著不懈，結果只能是半途而廢。

能夠保證我們成功的，與其說是卓越的才能，不如說是鍥而不捨地追求自己的目標。目標不僅使我們產生了實踐的能力，也產生了充滿活力、不屈不撓為之奮鬥的意志。

目標的制定是極其關鍵的，必須從自身的具體實際情況出發，有計劃、有步驟地去規劃我們的人生目標，如果做不到這一點，

將很容易犯兩個極端的錯誤，不是在夢想面前畏畏縮縮地缺乏勇氣前進一步，就是將夢想看成一蹴可幾而好高騖遠。

　　無法克服這兩種致命的錯誤，將會為我們人生理想的實現過程帶來無法想像的障礙。

　　日本戰國時代後期，為了贏得兼併戰爭，甚至是國家的最終統一，各個諸侯武將紛紛拓展領土，招攬人才，擴充實力。

　　尾張國領主織田信長手下有一位大將名叫羽柴秀吉（即豐臣秀吉），出身並非是當時日本身分最為高貴的武士，但是織田信長已經看出了他有大將之才，對他頗為器重。

　　有一次在家臣們的聚會上，信長讓眾人暢談自己的人生夢想和長久打算，家臣們紛紛暢所欲言。

　　有的說：「我要努力賺很多的錢，好讓我的父母妻兒過著舒適的生活。」

　　有的說：「夢想，就要說大一點的，說小了就沒意思了，我的理想是追隨主公馳騁疆場，統一全日本。」

　　大家都興高采烈地說著，唯有秀吉在一旁微笑不語，獨自靜聽。家臣們見狀，便起鬨說：「你也說說你自己的夢想嘛！」

　　秀吉頓了頓聲音，笑著說：「好吧，那我就說了。我的俸祿現在是六百石，我的夢想就是提高到一千二百石。」

　　家臣們聽後都哈哈大笑，譏笑他說：「秀吉，你可真是有出息呀，就這麼點大的夢想。你應該學學西國的毛利元就，年輕時就以統一西國為己任。」

　　秀吉笑著回答：「我現在的職務是步兵頭領，俸祿只有六百石，等下次俸祿變為一千二百石的時候，我的夢想便是二千四百石，以此類推，等到那一天，有人會說我的夢想太小了嗎？即使

是統一全日本，也是指日可待。」

秀吉的話讓大家頓時啞口無言。後來，他果真一步一步實現了自己的夢想，最終統一全日本。

我們對待理想的態度極為重要，既不能缺乏信心畏畏縮縮，也不能好高騖遠淪為空談，而是要踏踏實實，一步一腳印地朝著自己的目標前進，這樣一來，成功才會眷顧我們。

加拿大英屬哥倫比亞大學的政治學教授亞力克斯經過調查研究發現，那些腳踏實地、實事求是的人往往比好高騖遠的人快樂得多。

因此，要想使生活快樂，就要學會根據實際情況調整自己的奮鬥目標，並且適當控制自己內心的慾望。

目標的實現，不僅需要耐心等待，還必須有堅持不懈和百折不撓的奮鬥精神。替自己設定觸手可及的階段性目標是個明智做法，有了近在咫尺的夢想，對於工作中的枯燥乏味和千辛萬苦都能夠忍受。

如果一個人從自身特點出發，設立階段性的目標，並且有步驟地實現，那麼可以斷言，最終的目標一定會實現。如果脫離實際情況，在初始階段就追求一些所謂「高層次」的目標，極容易犯下好高騖遠或畏縮不前的毛病。

比如說，在練習跆拳道的過程中，如果對自己的實力缺乏認知，夢想著在三、五個月之後成為黑帶高手，這樣的想法無異是癡人說夢。但是，如果設定了階段性的目標，每隔一段時間就升一級，以此進度發展下去，成為黑帶高手的可能性將會大大增加。

當然，所有這一切的實現過程，都需要以無比的鬥志和毅力積極行動，如果停留在空想階段，將一事無成。

有想法，也要有具體的做法

夢想應當是觸手可及的，只要我們每天、每時、每刻都努力一點，最終一定會走完這條充滿挑戰的荊棘之路，體會到前所未有的充實與滿足。

儲蓄在日常生活中是再熟悉不過的事了，大家都認為儲蓄是一件很有意義的事，但有多少人能夠嚴格依據計劃，有目的、有步驟地儲蓄呢？又有多少人能完成既定的儲蓄目標？

年輕的梅森夫婦每個月的收入共有三千美元，但是每個月的各種花費加起來也近三千美元，收支剛好平衡。為了有點積蓄好應對以後的生活，夫婦倆都很想儲蓄，但開始的時候由於缺乏有系統的儲蓄計劃和階段性的儲蓄目標，根本無法如預期儲蓄。

他們總是不自覺地替自己找個藉口，諸如：「加薪以後馬上存錢」、「下個月我們一定存到四千元」、「還是等到有錢的時候再存錢吧」⋯⋯等等。

一年時間很快過去，他們的存款薄上依然沒有增加的跡象。不久之後，他的太太再也無法忍受這種情況，對梅森說：「我們不能再這樣下去了，我們到底要不要存錢啊？」

梅森無奈地回答：「當然要，可是我們每個月沒辦法省下錢來呀！」

太太鄭重地對梅森說：「存錢，存錢，我們已經說了一年了，

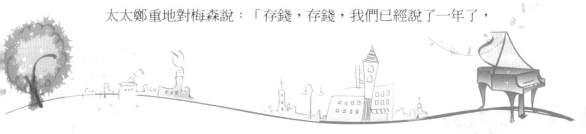

看看這一年都做了些什麼，存款薄上的數字只減不增。從現在開始我們必須制定詳細的儲蓄計劃，分階段實施，這樣才可能積蓄。我今天到銀行去詢問適合我們家收入的理財計劃，其中有一條很適合我們——如果每個月存一百元，十五年後就有一萬八千元，外加六千六百元的利息。理財師說『先存錢，再花錢』當然要比『先花錢，再存錢』容易得多。如果你也下定決心，就把薪水的百分之十存起來，以後的日子可能會苦一點，但我相信，親愛的，我們一定會做到。」

後來，梅森夫婦終於有了自己的積蓄，並且在這個實踐過程中體會到了「存錢和花錢一樣好玩」。

人生規劃是否合理，是否具有挑戰性、階段性，是我們在追求奮鬥目標時內心充滿鬥志的重要源泉，也是我們意志力轉化為實際行動的催化劑。

但是，由於很多人忍耐力有限，往往對於過程中存在的瑣碎工作不屑一顧，加上性格方面的一些缺陷，在制定奮鬥目標時，無法從自身狀況出發做出理性的判斷，結果是人云亦云，最後甚至連自己都不知道為什麼做出這樣的計劃。

美國著名作家馬克·吐溫年輕時的最大夢想就是有朝一日成為一名富豪，但他並沒有任何具體的計劃，累積財富的本領也讓很多人不敢恭維。

十九世紀中後期伴隨著美國「西進運動」，很多人在這個過程中累積了鉅額財富，特別是淘金行業的興起讓很多人躍躍欲試，馬克·吐溫也不例外，也夢想著能夠一夜致富。

於是，馬克吐溫帶了相關的器材，僱用幾位挖掘工人，興沖

沖加入淘金行列。等到他們來到西部，馬克吐溫發現他們遇上了前所未有的困難，首先他們缺乏基礎的探測知識，根本無法尋找金礦所在；其次，挖掘器具過於簡陋，無法對地底進行深層的操作；最後，由於作業環境過於惡劣，很多工人都不堪重負。在殘酷的現實面前，馬克‧吐溫不得不撤回自己的工作人員，於次年回到自己的故鄉。

這一段錯誤的人生經歷對於馬克‧吐溫來說，是難以忘懷的經驗教訓，在這段時間，他深刻反省了自己的所作所為，並且承認自己缺乏理性的判斷和認識，以致於一敗塗地。

從此以後，他開始根據自己的實際情況調整奮鬥目標，將主要精力轉向文學創作，終於在小說、傳記等文學領域有所成就。

同樣為了追求夢想，對於有些人與眾不同的表現，我們不能不表達敬意，他們將看起來無法實現的目標，一步一步地變為現實，決斷力讓人欽佩。

美國文學巨匠傑克‧倫敦少年時代的生活非常困苦，而且絲毫不思進取，整天渾渾噩噩過日子。童年時的他就像個小惡魔，最憎恨的事就是上學，寧願把時間放在偷雞摸狗的勾當上。

直到有一天，在街上閒逛的傑克漫不經心地在鎮上的圖書館裡發現了《魯賓遜漂流記》之後，人生開始有了轉變。深受《魯賓遜漂流記》啟發的傑克，從此整天待在圖書館裡，在書的領域裡，傑克‧倫敦逐漸發現一個與眾不同、充滿希望與活力的新世界。

在書中，傑克幾乎忘卻了現實的存在，從尼克卡特到莎士比亞，從馬克思到赫伯特，傑克如狼似虎般地汲獵書中的知識。十

九歲的時候，他定下了人生中的第一個目標——不能再流浪下去了，必須重返校園。

進入奧克蘭中學以後，精力充沛的他幾乎不分晝夜地讀書，以兩個月時間將高中四年的課程全部讀完，順利地拿到加州大學的入學資格。

隨即，他為自己定下人生中的第二個目標：要使自己的作品見報或者獲獎。為此他一邊讀書，一邊拼命地練習寫作，每天堅持寫五千字，一下子就寄出二、三十篇小說稿。

雖然稿件一次又一次地被退回來，但他還是一個勁地寫作，一個勁地讀書，從不氣餒。

終於他的短篇小說〈海岸外的颶風〉獲得一家雜誌社舉辦的徵文比賽一等獎。在此之後，他為自己定下了人生中最後的一個目標：希望有更多的作品出版，奉獻給喜愛他的讀者。

傑克·倫敦成功了，他以他的一生完成自己的三個夢想，在人生的十字路口上，他憑藉自己清醒的決斷力，一步一步地完成了屬於自己的使命與責任。

千萬不要以為夢想都是虛無縹緲的，它應當是觸手可及的，只要我們每天、每時、每刻都努力一點，最終一定會走完這條充滿挑戰的荊棘之路，體會到前所未有的充實與滿足。

夢想獲得激勵，便有實踐的動力

 有的人有著實現夢想的強烈願望，不需任何外部動力；有的人雖有實現夢想的動機，但需要外部動力去激發。

夢想是一種非常奇妙的東西，最初就像一粒種子，在每個人心裡萌芽。由於有合適的環境條件，例如家人和朋友的精神鼓勵以及物質上的支援，再加上自己實現夢想的強烈願望，這份夢想便能夠成長茁壯。

有的人遵循夢想的指引，不斷克服困難，即使在客觀條件和主觀條件都非常欠缺的情況下，仍然堅信夢想是能夠實現的，並盡最大努力創造條件，一步步去接近夢想，最終得償所願。

有的人雖然也懷有理想，但意志不夠堅定，容易受外界影響，久而久之就把原初的夢想拋到腦後。如果能夠堅持自己的夢想，保有自信，也能夠跟著路標一步步前進，透過時間和經驗的累積，終究能把看似不可能的事情變為現實。

有一個小男孩的父親是位馬術師，從小就必須跟著父親東奔西跑，一個馬廄接著一個馬廄、一個農場接著一個農場地去訓練馬匹。由於經常四處奔波，男孩的求學過程並不順利。

中學時，有一回老師叫全班同學寫報告，題目是「長大後的願望」。他洋洋灑灑寫了七張紙，描述他的偉大志願，那就是擁

有一座屬於自己的牧馬農場，並且仔細畫了一張二百畝農場的設計圖，上面標有馬廄、跑道等的位置，在這一片農場中央，還要建造一棟佔地四千平方英呎的豪宅。

他花了好大的心血把報告完成，第二天交給老師。兩天後他拿回了報告，只見第一頁上頭打了一個又紅又大的F，於是下課後帶著報告去找老師：「為什麼給我不及格？」

老師回答道「你年紀輕輕，不要老做白日夢。你沒錢，沒家庭背景，什麼都沒有。蓋座農場可是個花錢的大工程；你要花錢買地、花錢買純種馬匹、花錢照顧牠們。你別太好高鶩遠了。」老師接著又說：「如果你肯重寫一個比較不離譜的志願，我會重打你的分數。」

這個男孩回家後反覆思考了好久，最後徵詢父親的意見。父親只是告訴他：「這是非常重要的決定，你必須拿定主意。」

再三考慮了好幾天後，他決定將原稿交回，一個字也不改。他告訴老師：「即使拿個大紅字，我也不願放棄夢想。」

若干年後小男孩長大了，在一個活動中，向眾人表示：「各位現在就坐在這二百畝農場內，坐在佔地四千平方英呎的豪華住宅。那份初中時寫的報告我至今還留著。」他頓了一下又說：「有意思的是，兩年前的夏天，那位老師帶來三十個學生來我的農場露營一星期。離開前，他對我說：『說來有些慚愧，你讀中學時，我曾潑過你的冷水。這些年來，我對不少學生說過相同的話，幸虧你有這個毅力堅持自己的夢想。』」

男孩的願望是擁有一個自己的農場，就在他心中萌發這種可貴的夢想時，老師的批評就如一盆冷水澆得他從頭到腳都濕透了。對於這種年紀的孩子來說，老師說的話很可能就真的阻止了他們

前進的步伐。

　　但是男孩非常幸運，有個了不起的父親，讓孩子自己拿主意。他沒有評價老師的做法，但實際上卻暗示孩子：「你是一個能判斷自己到底想要什麼的獨立個體，即使是老師給的答案，也未必是正確的，你必須自己決定。在這個問題上，爸爸也幫不了你，只有你最清楚自己想要什麼，只有你自己明白自己的夢想。雖然爸爸不能替你做決定，但爸爸會支持你考慮後的決定。」

　　男孩應該感謝父親，因為有了父親，他才能做出正確的決定，明確自己的夢想；也應該感謝他的老師，正因為老師曾經說的話，他始終不敢忘記自己的理想，生怕有絲毫的懈怠，會驗證了老師的預言。他不斷朝著夢想的方向努力，直到看到理想的王國成為現實的農莊。

　　世界上幾乎沒有人沒有自己的夢想，只是程度不同而已。

　　有的人有著實現夢想的強烈願望，不需任何外部動力；有的人雖有實現夢想的動機，但需要外部動不斷去激發，這種動力可能是善意的鼓勵和幫助，也可能是外部事件的發生。

　　有個頑童無意間在懸崖鷹巢裡，發現一顆老鷹蛋，一時興起，便將這顆蛋帶回父親的農莊，放在母雞的窩裡，看看能不能孵出小鷹來。

　　果然如頑童的期望，那顆蛋孵出了一隻小鷹。小鷹跟著其他同窩的小雞一起長大，每天在農莊裡追逐主人餵養的穀粒，一直以為自己是隻小雞。

　　某一天，一隻雄鷹俯衝而下，母雞焦急地咯咯大叫，召喚小雞們趕緊躲回雞舍內，慌亂之際，小鷹也和小雞一樣，四處竄逃。

經過這次事件後，小鷹每次看見遠處天空盤旋的老鷹身影，總是不禁喃喃自語：「我若是能像老鷹那樣，自由地翱翔在天上，不知該有多好。」

一旁的小雞見狀就會提醒牠：「別傻了，你不過是隻雞，是不可能高飛的，別做那種白日夢了吧。」

小鷹想想也是，自己不過是隻小雞，於是就回過頭來，和其他小雞追逐主人撒下的穀粒。

直到有一天，一位訓練師和朋友路過農莊，看見這隻小鷹，便興致勃勃要教會小鷹飛翔，他的朋友認為小鷹的翅膀已經退化無力，勸訓練師打消這個念頭。訓練師卻不這麼想，他將小鷹帶到農舍的屋頂上，認為從高處將小鷹擲下，牠自然會展翅高飛。然而，小鷹只輕拍了幾下翅膀，便掉落雞群當中，和小雞們四處找尋食物。

訓練師仍不死心，再次帶著小鷹爬上農莊內最高的樹上，擲出小鷹。

小鷹害怕之餘，本能地展開翅膀，飛了一段距離，但看見地上的小雞正忙著追尋穀粒，便立刻飛了下來，加入雞群中爭食。

在朋友的嘲笑聲中，訓練師再次將小鷹帶上高處的懸崖。小鷹以自己銳利的眼光看去，大樹、農莊、溪流都在腳下，變得十分渺小。待訓練師的手一放開，小鷹展開寬闊的羽翼，終於自由翱翔於天際之間。

其實，我們何嘗又不像故事中的小鷹呢？

在我們對世界逐漸瞭解的過程中，也逐漸擁有了對各種事物的獨特看法，開始對某些事物產生興趣，並將其中一些最想去做的事情當作自己的夢想。

　　夢想雖然開始成型，但此時，周圍的家人、朋友、同學，或許是出於善意的勸告，怕我們承受不了失敗的苦痛，總是在我們耳邊說：「別傻了，你不是那塊料！」「醒醒吧，別再做白日夢了！」

　　如果我們的人生中，出現了訓練師之類的人物，或許許多人的人生都將改寫。夢想一旦激發，將會產生巨大推動力，不僅指引人們通往夢想的正確道路，還會轉化成一種無形的精神力量，在遇到困難時支援我們，鼓勵我們。

　　然而，若是自己不思考如何實踐夢想，不朝著理想一步步努力，只是等待幫助自己實現夢想的訓練師出現，結果只會喪失實現夢想的絕佳機會，等到垂垂老矣，抱憾終生。

堅持夢想，便能通往成功的殿堂

接受夢想的召喚吧，循著夢想的足跡，一步步
的前行，相信等待你的一定是意想不到的成功
殿堂。

　　人生目標不清楚的人，就像漂浮在水中的一片葉子，不住地
隨水漂流，不知道自己會漂向什麼地方。

　　哈佛大學學者做過一個關於目標對人生影響的追蹤調查。調
查對象是一群智力、學歷、環境等條件差不多的年輕人，調查結
果發現他們之中，百分之二十七的人沒有目標；百分之六十的人
目標模糊；百分之十的人有清晰但比較短期的目標；百分之三的
人有清晰且長期的目標。

　　經過二十五年的追蹤研究，學者對他們的生活狀況及職場分
佈情況進行了統計。那些佔百分之三有長期目標的人，二十五年
來幾乎都不曾改變過自己的人生目標，都朝著同一個方向不懈的
努力。

　　二十五年後，他們幾乎都成為社會各界的頂尖成功人士，不
乏創業者、行業領袖、社會菁英等等。

　　那些佔百分之十有清晰短期目標的人，大都生活在社會的中
上層。共同特點是，短期目標不斷實現，生活狀態穩步上升，成
為各行各業中不可缺少的專業人士，如醫生、律師、工程師、高

級主管……等等。

那些佔百分之六十模糊目標的人，幾乎都生活在社會的中下層，能安穩的生活與工作，但都沒有什麼特別的成績。

剩下的百分之二十七是那些二十五年以來都沒有目標的人群，幾乎都生活在社會的底層。他們的生活都過得不如意，常常失業，靠社會救濟過活，常常抱怨他人、抱怨社會、抱怨世界。

這份調查報告說明了目標的有無和清晰程度，直接決定著一個人若干年後的生活狀態、事業情況、經濟情況和心理狀況。擁有長期明確的目標，也就有了生存的目的，明白了生命的眞諦，漫長的人生歲月不再是漫漫長夜，而是不斷走向光明，在這種狀態下，人的心情變得愉快，朝夢想的方向開足馬力，堅持不懈地努力，達到夢想實踐的高峰。

那些目標不明的群體和沒有目標的人，常常不知道自己爲什麼而活，抱著消極怠惰的態度，整日渾渾噩噩，無法體會眞正的快樂，理想、夢想成了他們這輩子無法實現的願望，卻可能成爲他們教育下一代的話語。

夢想不僅有著有無的區別，明確與否的區別，而且還有大小之別。夢想越大，成就便越高，夢想越高，人生就越豐富，達成的成就越卓越。相對的，夢想越低，人生的可塑性越差。

某個炎熱的日子，一群人正在鐵路的路基上工作。這時，一列緩緩開來的火車打斷了他們的工作。

火車停了下來，最後一節車廂的窗戶打開，一個低沉的、友好的聲音響了起來：「大衛，是你嗎？」

大衛・安德森是這群人的負責人，回答說：「是我，吉姆，

見到你很高興。」

接著，大衛‧安德森和吉姆‧墨菲——鐵路公司的總裁，進行了愉快的談話。經過長達一個多小時的愉快交談之後，兩人熱情地握手道別。

大衛‧安德森的下屬立刻包圍了他，他們對於他是鐵路公司總裁的朋友感到非常震驚。大衛解釋說，二十多年前，他和吉姆‧墨菲是在同一天開始為這條鐵路工作的。其中一個人半開玩笑地問大衛，為什麼他現在仍在艷陽下工作，而吉姆‧墨菲卻成了總裁？

大衛惆悵地說：「二十三年前我為一小時一美元的薪水而工作，而吉姆‧墨菲卻是為了這條鐵路而工作。」

人生是夢想營建出來的，越是卓越的人生越是夢想的產物。

一個夢想遠大的人，即使最後沒有到達最終目標，可是實際達到的目標卻可能比夢想渺小的人的最終目標還大。所以，夢想不妨大一點，那些志向高遠的人所取得的成就必定能遠遠離開起點。縱使目標沒有完全實現，先前為此付出的努力也會讓人受益終生。

就像這則真實故事所呈現的，二十三年前大衛‧安德森為薪水而工作，二十三年後，他仍然在鐵路上堅守他的崗位，重複著二十多年一如既往的工作；二十三年前吉姆‧墨菲雖然也在這條鐵路上工作，但是他是為這條鐵路而努力，所以二十三年後他成為鐵路公司總裁。現實的差距，源於若干年前兩者工作目的的差異，夢想的差異。

夢想，這個神奇的種子，種在我們每個人心田中，不論是蹣跚學步的孩子，還是耄耋長者。夢想，或清晰，或模糊，或宏大，

或渺小，首先需要的是內心的感受，內心的體驗，要清楚地瞭解自己的夢究竟是什麼，這個問題誰也不能代替自己回答。

或許此時，有很多觀點、意見圍繞著我們，必須正確對待，不論是正面的，還是負面的，要認真吸取合理有效的成分，為實現理想助上一臂之力。

正面的支援固然可貴，負面的批評也要虛心接受，但要堅持自己正確的決定：「走自己的路，讓別人去說吧。」

夢想是成功的起跑線，決心是起跑時的槍聲，行動又如全力衝刺的奔馳，唯有堅持到最後一秒，方能獲得成功的錦標。擁有夢想卻不去行動，以及夢想就變成空想、幻想；只有朝著夢想昭示的方向，一步一個腳印，堅持不懈，克服艱險，才有可能實現自己的理想。

即使個人的能力有限，以致於宏大的夢想無法完全實現，但是你為夢想付出的努力並沒有白費，至少你嘗試了，你的人生不會後悔，你明白了夢想的意義——追求卓越，永不自滿。

朋友，你找到你的夢想了嗎？在實現夢想的過程中，你遇到了很多困難和挫折了嗎？接受夢想的召喚吧，循著夢想的足跡，一步步的前行，相信等待你的一定是意想不到的成功殿堂。

不要胡思亂想替自己製造困難

行動才是成功的根本。沒有行動，再好的構想，只是存在腦海中的一幅藍圖，只有積極行動，才能讓空想變為現實。

日本作家占部都美曾說：「人並不是因為跑得慢而趕不上火車的，是因為出發晚了才趕不上的。」

你是不是因為覺得自己不夠漂亮或英俊，不敢向你所愛的人表白？你是不是因為覺得自己不夠優秀，不敢去競爭某個非常誘人的職位？你是不是因為害怕自己口齒不流利，不敢與你認為口齒比自己伶俐的人辯論？

生活中常有人做事之前先做了一堆的規劃，總覺得構想不完美，時機不成熟，結果一拖再拖，萬事成蹉跎。

再好的構想也會有缺陷，相對的，即使是很普通的計劃，如果確切執行並且努力做好，都比沒有開始好得多。

只有靠行動才能真正打開局面，消極地想坐等時機成熟，很可能永遠也等不到，或者機會一旦成熟，便如白駒過隙一閃即逝，讓人根本抓不住。

許多人在開始做一件事前，總有一種負面的心理暗示：「我在這方面能力不足，我可以做好這件事嗎？還是放棄這種高風險的競爭，做些安穩、競爭性不強的事情吧！」

也有一些樂天派的人，開始做一件事情時，總是暗示自己：

「雖然這件事情成功的可能性不大，但不試怎麼知道情況到底會怎樣呢？即使失敗了，我還是累積了這方面的經驗，所以還是抓緊時間行動吧！」

　　下面就是這兩方面很有說服力的例子。

　　有一個名爲瓊斯的新聞記者，極爲羞怯怕生。有一天上司叫她去訪問大法官布蘭代斯，瓊斯大吃一驚，說道：「我怎能要求單獨訪問他？布蘭代斯不認識我，他怎肯接見我？」

　　在場的一個記者立刻拿起電話打到布蘭代斯的辦公室，說道：「我是明星報的瓊斯，奉命訪問法官，不知道他今天能否接見我幾分鐘？」聽完對方答話後，她客氣地道：「謝謝你，一點十五分，我準時到。」

　　她把電話放下，對瓊斯說：「妳的約會安排好了。」

　　事隔多年，瓊斯提到：「從那時起，我學會了單刀直入的辦法，發現事情並非想像中那樣麻煩。不要用想像替自己製造困難，積極行動就是了。」

　　我們在做事之時會顯得沒有那麼自信，全是因爲我們太在乎結果了，因而停留在自己製造的困難之前。

　　我們害怕失敗，總是找來種種理由阻止自己前進，就是這要命的等待遲疑，讓不少寶貴的機會從我們身邊溜走，更磨光了自己的銳氣，喪失了行動的勇氣，使得成功總與我們擦肩而過。

　　所幸瓊斯遇到了一位好同事，立刻撥通了電話，讓瓊斯成功地採訪了大法官布蘭代斯。這件事情不僅給瓊斯上了一課，我們也從中汲取了寶貴的經驗。

　　沒有根據的藉口和猜想只會捆綁我們的手腳，延誤行動的時機，行動才是成功的根本。

　　沒有行動，再好的構想也只是存在於腦海的一幅藍圖，只有積極行動，才能讓空想變爲現實。

　　想讓自己活得更耀眼，就必須用積極的想法驅逐消極的做法，按部就班踏穩自己追夢的步伐，才能美夢成眞。

　　想要成爲夢想中的主角，首先必須正確地認識自己，並且設定追尋的目標，其次則是對自己充滿信心，不要胡思亂想替自己製造困擾，無論遭遇什麼困難都不輕言放棄，才會有美夢成眞的一天。

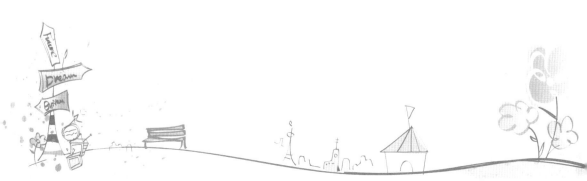

積極行動，就能圓夢

沒有優越的家庭條件，也沒有良好的學習成績，都不是自卑的理由和藉口，想盡一切辦法創造條件，以不屈不撓的精神去做每一件自己想要做的事情。

圓夢的過程必須積極主動，世界上沒有真正的失敗者，有的只是被動的執行者。

有「鐘錶大王」美譽的香港超級企業家楊受成就是靠主動行動打開局面，最終成功的人。

楊受成的父親從事香港鐘錶批發生意，因疏於經營，幾乎弄到傾家蕩產的地步。小小年紀的楊受成，天天生活在債主討債的環境中，從小就常常琢磨，怎樣幫助父親賺錢，擺脫困境。

到了十四、五歲的時候，楊受成利用下午半天的時間去店鋪做父親的幫手，當時他的父親在彌敦道開了個天文台錶行。因為經常在父親店裡幫忙，楊受成摸索出一個理論，就是遊客的消費力最強，與遊客做買賣利潤最大。

他認為，與其在店裡守株待兔似的做買賣，不如走出去尋找顧客。於是，他開始到碼頭帶一些澳洲遊客到天文台錶行購買錶。

首次出去尋找遊客就成功，讓他鼓起了更大的勇氣，又到機場設法和一些導遊取得聯繫，給予他們特定的優惠。這些辦法個個奏效，更多的遊客上門買錶，錶行的營業額直線上升。

　　事業的順利，激起他更強烈的慾望，後來乾脆跑到日本與當地旅行社聯繫，讓他們安排遊客到錶店購物，此舉又成功了。

　　主動照顧客戶這個決策顯示出楊受成的聰明才智，讓人看到他勤奮努力的志氣，也體會出他英勇拼搏的精神。主動尋找顧客，使得小小的楊家鐘錶店賺到了第一個一百萬。

　　機會總是落在那些敢闖敢拼的人頭上。二十世紀六十年代，香港大多數錶店對亞米茄、勞力士等名牌錶的經銷權只有觀望的份兒。

　　楊家錶店財小力微，對於名牌錶更是連邊都沾不上。楊受成卻偏不信邪，以初生之犢不怕虎的精神，找到亞米茄香港地區代理商——安天時洋行的瑞士籍猶太商人，要求老闆給他亞米茄錶的經銷權。

　　猶太商人看著眼前這個二十多歲的小夥子一股雄心勃勃的模樣，實在不忍心讓他滿腔的熱情被潑冷水，於是就婉轉地告訴他：「要取得亞米茄錶的分銷權絕無可能，但將來也許可以考慮給你亞米茄副廠天梭錶的經銷權。」

　　這原本是猶太商人的一句搪塞話，楊受成卻信以為真，一個月總要抽出幾天時間去拜會猶太商，探問天梭錶的代理權何時可落實。後來，猶太商人被他的誠意感動，終於同意了他的請求。

　　爭取到天梭錶的經銷權，成為楊受成一生事業的轉捩點。由於楊家鐘錶店具有相當廣泛的客源，每月銷售量十分可觀，給猶太人留下了深刻的印象。那時，勞力士與亞米茄在市場上競爭激烈，楊受成打鐵趁熱，再一次主動出去爭取亞米茄錶的分銷權。

　　他向猶太商人建議，由他開一間鐘錶珠寶專賣店，專賣亞米茄錶，猶太商人被這個有膽有識、能力超群的小夥子的一番言詞打動，答應他如果找到店面，一定予以考慮。

楊受成是個雷厲風行、說做就做的人。

他在父親的擔保下，向銀行借了二十萬，在天文台錶店的對面，開設了亞米茄錶的分店。

一九六九年，他輕而易舉地取得勞力士分廠子陀錶（現稱帝陀）的經銷權。由於月銷售量看好，一九七〇年又順利地取得勞力士的經銷權，從此奠定了楊受成在鐘錶業執牛耳的地位。

其後，楊受成進軍證券業，並大量投資，真是要風得風，要雨得雨。那時，他擁有了二十五個店舖，在大嶼山也有數百萬平方公尺土地，準備新建大型渡假村。誰知正當他事業如日中天之時，卻沒想到飛來一場橫禍，在技師安東尼被控毆打韋建邦一案中，因妨礙司法公正，被判入獄。

也許是命中該有一劫，楊受成出獄時，正趕上地產危機，地產價格一落千丈，致使他欠債高達三億元。經過政治和經濟的雙重打擊，楊受成破產了，苦苦累積的資產付之東流，產業由匯豐銀行接管。

所幸，楊受成雖經此沉重打擊，精神卻沒有垮。

匯豐銀行欽佩他的才能，以月薪二萬元聘請他，讓他繼續經營英皇鐘錶，所得利潤用來償還債務。

一九八四年，楊受成再次說服匯豐借他一千萬元，開設「寶石城」，販售及製造首飾吸引遊客。

楊受成再一次奔走碼頭、旅行社等地，建立起拉攏遊客的網路，憑著口才和毅力，短短一年時間，「寶石城」就穩坐日本遊客珠寶零售市場的龍頭地位。

僅用三年，楊受成就還清了債款，購回了資產控制權。

楊受成取回事業控制權後，多次投資都很成功，一九八九年又買入金門大廈地下倉庫，半年獲利七千萬。從此，他的事業再

次躍起。

　　楊受成的成功不是出於偶然,正是他果斷的個性、雷厲風行的作風成就了他的作為。楊受成沒有優越的家庭條件,也沒有良好的學習成績,但這些都不是他自卑的理由和藉口,反而激發了他創業的熱情。

　　當他有了很好的賺錢想法,總是採取積極的行動,即使外部條件和內部條件相當的欠缺,他總是想盡一切辦法創造條件,以不屈不撓的精神去做每一件自己想要做的事情。

　　正是這種精神,感染了猶太商人、匯豐等很多人,為事業的轉折贏得了重要的機遇。也正是這種積極行動的作風,不僅幫助他完成了原始資本累積,而且幫助他戰勝了人生中的重大變故和挫折。

　　如果他出獄後,只是沉湎於舊日奢華的生活,不能面對現實,終日無所事事,不做任何改變,很可能香港將會少一個富翁,街邊多一個流浪漢。

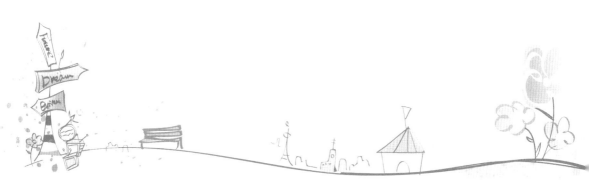

有所行動才能靠近成功

 養成遇事馬上做、現在就做的習慣，不僅可以克服拖延問題，而且還能搶佔「笨鳥先飛」的先機。

常聽有些人說：「我的人生當然有目標，我也在執行計劃，只不過是比計劃的時間稍遲了一些，不會有多大的妨礙。」

這就是人的通病：拖延。需要行動時，總是為自己找一些藉口，拖延行動的進行。

這情怠惰心態，正如下面這則寓言所說的。

某段時間，因為下地獄的人數銳減，閻羅王便緊急召集群魔，商討如何誘人下地獄，群鬼各抒己見。

牛頭提議說：「我告訴人類，『丟棄良心吧！根本沒有什麼天堂』！」閻王考慮一會兒，搖搖頭。

馬面提議說：「我告訴人類，『為所欲為吧！根本沒什麼地獄』！」閻王想了想，還是搖搖頭。

過了一會兒，旁邊一個小鬼說：「不如這樣，我去對人類說，『別急，反正還有明天』！」

閻王終於點點頭。

通常當我們想做些事情的時候，總是會有另外一個聲音告訴

自己：「還有明天，明天再做吧！」殊不知，時間是從「小」處溜走的。時間之神的馬車呼嘯而過，不知不覺間，我們額頭早已留下了道道轍印。

一份分析二千五百名嚐到敗績男女的報告顯示，「遲疑不決」高居三十一種失敗原因的榜首。決心的反面即是拖延，拖延是每個人必須征服的敵人。

拖延必然要付出更大的代價。能拖就拖會使人心情不愉快，覺得疲乏，應做而未做的工作則不斷給人壓迫感。

養成遇事馬上做、現在就做的習慣，不僅可以克服拖延問題，而且還能搶佔「笨鳥先飛」的先機，久而久之，必然培育出當機立斷的大智大勇。

誠如斐樂特所說：「利用寸寸光陰，是在任何種類的戰鬥中得到勝利的秘訣。」早起的鳥兒能夠先進食，腳步快的人將最先抵達終點。

拖延，從某種程度上說，比不去行動的危害性更嚴重。不行動，還只是停留在構思階段，畢竟清楚自己還沒有行動，一旦決定要開始動作，就可以立即出動。至於拖延，則是自認為已經進入實施階段，實際上很可能因為拖延，喪失了在行動的信心，抑或貽誤了行動的最佳時機，結果還自以為沒什麼關係，只是遲些時候再採取行動而已。

有人曾經統計過，一個活到七十二歲的美國人一生的時間分配如下：睡覺二十一年，工作十四年，個人衛生七年，吃飯六年，旅行六年，排隊五年，學習四年，開會三年，打電話二年，找東西一年，其他三年。

根據上面的調查，一個人真正工作、學習的時間只有十八年。

雖然古人說「三思而後行」，告訴我們遇到重大抉擇時，要周全地考慮問題，防止日後因考慮問題不周全而自食苦果。然而，遇到一些小事，尤其是一些我們自己都不確定的事情，先不要急於否定自己，不妨先嘗試做一段時間，也許在做的過程中，會有意想不到的發現，先前認為的那些障礙根本就不存在，只是自己的想像。

很多時候，正是那些所謂不可能成功的事情拖延了我們邁向成功的步伐，使得自己和別人的距離拉大了。所以，先別管事情能不能成功，先行動，行動會告訴你該如何進行下一步。

假如你是一位男士，正為該不該向心儀已久的女士表白發愁，與她的相處中，你發現她很優秀，但自己卻還有一些方面的不足，不能確定能不能給她幸福，內心總是處於矛盾之中；也許擔心會被拒絕，抑或擔心被拒絕後連朋友都做不成，那麼，別再遲疑了。直接對她說出你想說的話吧，那或許也是她最想要的答案。如果不是她要的，也一定能給你自己一個答案。

朋友們，答案就在前方，為什麼不勇敢地跨出行動的那一步呢？

PART 3

發揮自己的長處，
便能找到出路

在認識自己的過程中，
需要花一點時間知道自己的興趣在哪裡，
所有的事情都要我們自己完成，
認識自己也不例外。

發揮潛力，超越自己

要發揮潛力，首先應當給自己信心，認定自己可以超越自己，做到更好，一個不想超越自己的人永遠也無法成功。

鯨魚具有強大的肺活量，想超越鯨魚的肺活量，就要設法超越自己的極限，努力做到更好。

普通人的肺活量一般在三到四公升左右，同為哺乳類，鯨魚的肺活量就比人要大得多，最大可以超過三千公升。正是因為鯨魚的肺活量十分地巨大，所以，才能夠噴出高達十公尺的水柱來呼吸。

前面說要超越鯨魚，並不是說我們要努力使自己達到鯨魚那樣的肺活量，而是要我們自己能夠超越自己的極限，人的潛力是無限的，人能夠做得比自己想像的要好。

人在跑步的時候有一個極限時間，到了這個時間的時候，跑步者會覺得呼吸急促，兩腿酸軟，可是，一旦跑過了這個極限時間，再跑多少都不會有前面的那種感覺，而會覺得異常舒適。

這一點從世界運動紀錄上也可以看得出來。

最早的時候，人跑一公里需要四分鐘，當時的運動專家和醫生都認為這是人類的極限了，直到後來，有人把一公里分成八份，根據跑步者的體能，測試每一份長度所用時間，最後，竟然打破

了原來的世界紀錄。

打破紀錄的人只是一個普通的醫生，這個世界紀錄被打破以後，人類的中長跑紀錄就不斷地被打破。

要發揮潛力，首先應當給自己信心，認定自己可以超越自己，做到更好。一個不想當將軍的人永遠也成不了將軍。同樣的道理，一個不想超越自己的人永遠也無法真正的成功。

當然，只擁有超越自己的想法是遠遠不夠的。要真正地超越自己，還需要付出艱辛的努力。

以前曾經看過一個關於 TCL 副總吳士宏的專訪。

在專訪中，吳士宏提到，在到 TCL 以前，她在微軟做事，在進入微軟公司以前，她只是醫院裡的一個普通的護士，身為護士的她並不安於一輩子只做一名普通的護士，她希望能夠超越自己的極限，做得更好。

她努力自學英語，為了練習聽、說能力，她去做一名能夠接待外國遊客的導遊。有一天，她看到微軟公司在招兵買馬，鼓起勇氣投遞履歷，得到了面試的機會。

在面試中，主考官問她會不會打字，沒有學過打字的吳士宏竟然說自己會。事後，吳士宏拼命練習打字，終於掌握學成。

其實，只要擁有超越自己的理想，並願意腳踏實地努力實踐，就一定可以把自己的夢想變成現實，像吳士宏一樣從配角變成主角。

自我評價做好，才能真正成為主角

他沒有看清楚自己的優點和長處，錯過了發展的好機遇。要找到自己的優點和長處，就需要對能力有正確的評價。

　　李老師在一個小鄉村的一所高中教物理，他的教學很受到肯定，每年都被評鑑為優良教師。另外，李老師有一棟很大的房子，兒女也已經長大。

　　按照常理來講，李老師的人生要算圓滿了。

　　可是，李老師心裡卻有一個很久都未解開的心結。李老師學生時代特別聰明，又肯用功學習，高中畢業後，順利考上第一志願，大學期間也是幾乎每年都拿獎學金。這對李老師貧困的家庭來說是一個極大的幫助。

　　四年的大學生活轉瞬即逝，畢業時面臨的最大一個問題就是找工作。很多同學都希望能夠繼續攻讀研究所或是至少留在學校所在的城市裡工作，因為在大城市裡，發展的空間也大。

　　李老師的課業表現優秀，系上師生都認為他會考研究所，然而，他卻選擇服完兵役後回鄉教書。

　　李老師之所以有這種想法是因為，相對於做科學研究，他覺得自己更適合做老師。

　　雖然身邊的同學和朋友覺得他更適合做研究而勸他繼續課業，可是李老師當時已決定要回去，同學和朋友們只能看著他回自己

的家鄉，為他感到深深地惋惜。

　　讓李老師心理上發生了一點變化的事情發生在三年前。他參加畢業二十週年的同學會。在同學會上，李老師發現，以前班上許多成績不如他的同學都成了教授或是副教授，氣質和派頭遠非他這個高中物理老師能及，直到那時，李老師才開始質疑自己當初的選擇。

　　回到學校後，李老師一直悶悶不樂，覺得當初對自己的能力估計得可能不對，他其實應當繼續做研究。可是，李老師自己也知道，現在再想這些，真的是為時已晚了。

　　作為旁觀者，我們大家可能都看得出來，李老師當年對自己能力的評估的確是過低了，他沒有看清楚自己的優點和長處，使得自己錯過了自我發展的好機遇，以致後來雖然十分後悔，但木已成舟，無可挽回。

　　但是，我們也都知道，要找到自己的優點和長處，就需要對自己的能力有正確的評價。要正確評價自己的能力，有兩個最主要的方法。

　　一是直接評價。

　　直接評價是指對自己的自然條件，如外貌、體型，以及健康狀況、智力情況、心理狀況、情感特點、氣質性格，和興趣指向、知識水準以及專業特長等方面的自我認識。

　　比如，看自己是否適合進行某種工作，就可以透過自己在做這種工作時是否具有一定的興趣，以及自己是否具有一定的專業技能來判斷。

　　直接評價還包括對自己在不同領域中的實踐結果相比較得出

的結論。比如，對自己做一名老師和做一名業務員的成果加以比較，就可以發現自己究竟適合做哪一種工作。

直接評價的主體是評價者自己，基於對自己的期望，在自我評價的過程中，難免出現對自己過高過低的評價。

所謂人貴有自知之明，「自知」有時是比較困難的。因此，要對自己有正確的個人評價，還應當參考別人對自己的一些看法，這就是另一個評價自己能力的方式——間接評價。

間接的自我評價包括兩個方面，一是以他人行為的對比來評估自己。

舉例來講，如果你不知道自己在某一個領域的努力方向是不是正確的，就可以透過直接與別人交談或閱讀相關的書籍，瞭解這個領域成功人士的經驗，從而判斷自己的方向是否正確。

另外一個方面是，透過周圍人對自己的評價來評估自己。這主要是指我們可以透過父母、老師、親友、上級和同事等身邊與我們發生接觸的人對我們的評價來評估自己。應當特別注意的是，並不是每個人對我們的評價都有同等的價值，有的時候，人們讚美我們可能是出於不同的目的。

〈鄒忌諷齊王納諫〉中有一段話十分有意思，鄒忌對齊王說：「吾妻之美我者，私我也；妾之美我者，畏我也；客人美我者，欲有求於我也。」

這段話大意是：我老婆讚美我，是因為她偏愛我；我的小妾讚美我，是因為她害怕我；我的客人讚美我，是因為他們有事情求我幫忙辦。

這些評價顯然都是相對有偏差的，如果以此做為評價自己的

參照，就會造成自我評價不實。

　　當然，我們自己對別人評價的整合也不一定完全符合事實。一般人往往不願意聽那些批評的話，卻十分容易接受那些讚美式的評價。

　　雖然這是人性的弱點之一，但是，只要在認識別人的評價時，有意識地將別人對自己的批評和讚美與直接的自我評價結合起來，就能夠盡量地減少這個弱點對我們造成的影響。

喚醒沉睡的潛能，做自己的主人

人的潛力是無限的，專家指出，大部分人只使用了所有潛力的百分之十，還有百分之九十有待我們開發使用。

　　有一個喜歡冒險的小男孩叫做湯姆，有一天跑到附近的一座小山上玩，無意中撿到了一個鷹蛋，便把鷹蛋帶回了自己的家裡，並把鷹蛋和普通的雞蛋放在一起，讓母雞孵化。

　　不久，一窩小雞連同小鷹一起被孵化了出來，孵出的小鷹並不知道自己是一隻鷹，以為自己是一隻小雞，每天和小雞快樂地生活著，牠們一起玩耍，一起吃母雞捉來的蟲子，一起學習覓食……

　　隨著時間流逝，小鷹逐漸發現自己與其他小雞的不同。牠總有一種想飛的衝動，而且在試飛的過程中，比那些體格健壯的公雞飛得都要好。

　　牠覺得自己不是一隻普通的雞，可是，牠並不知道自己能飛上高空。

　　直到有一天，牠看到一隻在天空中翱翔的雄鷹，感到自己的兩隻翅膀似乎有了魔力一樣扇起來，隨後，牠竟然向那隻正在飛翔的雄鷹一樣衝上了藍天。

　　儘管開始時，牠飛得左右搖晃，十分不穩，可是牠努力地看著那隻飛翔的雄鷹，很快地就變得和牠一樣，能夠自由地在天空中翱翔了。

到了這時，牠才知道，原來自己是一隻鷹。

在我們認為自己是一隻普通的小雞時，身體裡可能蘊藏著一隻鷹，這隻鷹，就是潛力。人的潛力是無限的，專家指出，大部分人只使用了所有潛力的百分之十，還有百分之九十有待我們開發使用。

人的潛能往往是在承受壓力的情況下才能被開發出來。

有個想在澳大利亞定居的華人，為了找一份工作而嚐盡了艱辛，他在農場做幫忙收割的臨時工人，在唐人街做過洗碗工。一次偶然的機會，他看到報紙上登著一個澳洲電訊公司的徵人廣告，因為擔心自己的英語不夠流暢，專業也不夠，因而選擇了應徵線路監控的職位。

通過幾輪的考核，他終於得到了面試的機會。

可是，就在他即將得到年薪三‧五萬澳幣的職位時，主考官突然問他：「你自己有車嗎？我們這個工作需要經常開車外出，沒有車會很麻煩的。」

面對三‧五萬澳元的年薪，他硬著頭皮對主考官說道：「我有車。」

主考官點了點頭，接著說：「那好，四天以後你開著車子來簽約吧！」

剛到澳大利亞的那個華人，不僅沒有車，連駕駛執照也沒有。為了高額年薪的工作，他必須在這四天裡買到車並學會開車。

人如果下定決心做一件事情，就一定會做成。

他先向在澳大利亞的朋友借了五百澳元，然後用這五百澳元買了一輛二手汽車。第一天，他跟朋友學習了簡單的駕駛技術；

第二天，他花了一天的時間在朋友家的草坪上練習；第三天，他就敢開到公路上了；到了第四天，他竟然就能開車到公司去。現在，他已經是澳洲電訊的業務主管了。

人處於壓力之中時，更能發揮自己的潛力。

有一個在日本留學的男學生，因為生活上的壓力，必須邊打工邊讀書。他在一間日本的餐廳裡打工，除了工錢以外，老闆包他一天兩餐。

他說：「以前在國內，生活條件很好，可是，我去醫院健康檢查，卻查出來很多病，比如十二指腸潰瘍什麼的。可是現在在日本，我每天只吃店裡剩的米飯和菜，菜的數量很少，有的時候只是兩三隻蝦，有的時候就只有醬油拌飯。可是，現在我的身體好極了，什麼毛病都好了。」

在國內讀書的時候，許多學生可能每天早上睡到九點多起床，恍惚地去上課，如果遲到了，就回宿舍睡個回籠覺，還會有人覺得每天的睡眠不足。

可是，如果有機會到了國外去讀書，每天都能很早起來，去打工賺生活費和學費，同時還要上課和寫報告，有時候一天只能睡幾個小時。在這種情況下，大部分人只是覺得開始時有些疲倦，等過了一段時間也就習慣了。

沒有人是超人，為什麼在國內和在國外，會有兩種不同的情況呢？

這是因為，有些在國內讀書的大學生日子過得太舒適了，毫無壓力，也就失去了鬥志。而生活在國外的許多大學生，在各種壓力下，發揮了自己的潛能，能夠做到很多以前做不到的事情。

　　前蘇聯學者伊凡曾經提出，如果我們能夠盡力使用的一半腦力，就能不費力地學會四十種語言，同時把蘇聯百科全書從頭到尾背下來，並完成幾十所大學的必修課程。

　　當然，每個人生活的背景不同，並不是人人都能開發出所有的潛能，人總有自己特別的喜好，最好的方式就是透過自己的努力，開發自己獨特的潛力。

　　如果你不喜歡數學，就不必逼自己花費全部的時間去研究數學，可以在喜歡的方向努力，比如經濟學、文學等等。相信透過努力，一定可以在喜歡的領域裡做到最好！

用內心的寶藏趕走一切自卑感

克服自卑感的有效方式，就是尋找自身的優
點，找到優點的一刻，便是找到自信，完美地
扮演好自己的角色的時候。

　　小芬畢業後一直從事財務統計工作。她的性格比較內向，從
小就不太合群，幾乎沒有什麼朋友，更別說好朋友了。財務統計
這份工作相對比較枯燥，使得本來就不合群的她更內向了。

　　小芬總是為工作苦惱，不是因為她的工作能力不強，而是因
為她的不合群的個性。很多老闆都認為小芬沒有團隊精神，因此
她經常剛剛做滿試用期，就被老闆炒魷魚了。

　　頻繁被開除，使得小芬深感痛苦，她的自信與自尊差不多都
降到了零。

　　她的同事們覺得跟她在一起十分壓抑，也不怎麼和她說話，
她自己也慢慢地對什麼都不感興趣了。她覺得自己的生活很無聊，
沒有什麼值得高興的事情，也沒有什麼值得不高興的事情。她平
時臉上總沒表情，反應變慢了，記憶力也開始下降。

　　小芬也想過去看看心理醫生，可是，心理醫生收費比較高。
另外，如果看心理醫生讓人知道，被人當做精神病人就更糟了。
小芬十分留意網上的一些心理輔導的文章，可是覺得這些文章講
到的辦法不能解決她的問題。她也曾想透過改變自己的工作環境
來改變自己，但收效甚微。小芬說她總是覺得自己很失敗，感覺

沒有什麼前途。

小芬的問題的根源在於她的自卑感，一直以來的無處傾訴和工作中的挫折又加重了她的這種自卑感，產生了自閉等心理問題。

其實，不止小芬，我們每個人都多多少少存在著一定的自卑感。專家認為，這與我們童年時期的感受不無關係，童年的我們在身體和心理上相對較為弱小，處於弱勢地位，再加上童年的一些生活挫折，就產生了自卑感。

藉由一些管道，比如從課業得到的成就感，或是常和朋友交流等等，可以使得我們的自卑感得到一定程度的緩解。但是，如果長期無法獲得成就感，或是不能與朋友溝通來緩解自卑的情緒，問題就會變得嚴重一些，就像小芬遇到的問題一樣。

自卑感是完全可以克服的。

有一本十分暢銷的科學書籍叫做《時間簡史》，作者是斯蒂芬·霍金。霍金一九六三年出生於英國牛津，剛滿二十一歲時，噩夢從天而降，罹患了肌肉萎縮症，也就是運動神經病。因為肌肉的萎縮，他癱瘓了，與四肢健全的同齡人相比，他多少有一點自卑，但他並沒有因為自己的殘疾而放棄努力。

一九七四年，他在《自然》上發表論文，提出黑洞輻射理論，這種輻射後來被稱為霍金輻射。一九八八年，霍金出版了《時間簡史》，此書被譯成四十多種文字，全球的銷售量超過了一千萬冊。後來，他又出版了一本書《果殼中的宇宙》。

被稱讚是「愛因斯坦第二」的霍金曾在網上就自己的殘疾討論道：「我在對面的床上看到了一個男孩子，我隱約知道他死於白血病。很顯然的，有人比我的情況還糟。至少，我的狀況還沒

讓自己感到難過。每當我感到垂頭喪氣時，我就會想起我看到的
那個男孩子。」

不僅如此，霍金還瞭解自己在物理學研究方面的專長，在這
一方面更加努力。

霍金用這樣的方式鼓勵自己，克服了自卑感，成爲能與牛頓、
愛因斯坦並稱的物理學家。

克服自卑感的一個十分有效的方式之一，就是尋找自身的優
點。每個人都有自身的優點，只有充分認識自己的人才能發現自
己的優點，找到優點的一刻，便是找到自信，完美地扮演好自己
的角色的時候。

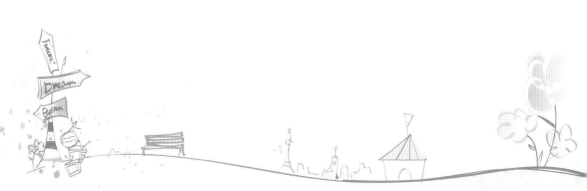

發揮自己的長處，便能找到出路

在認識自己的過程中，需要花一點時間知道自己的興趣在哪裡，所有的事情都要我們自己完成，認識自己也不例外。

一對夫婦剛剛結婚不久，有一天，妻子對丈夫說：「我很想回家看看我的父母，你能跟我一起去嗎？」

丈夫愉快地答應了。

「但是，」妻子接著對他說，「這次回去，你不管對誰都要有禮貌，千萬不能魯莽，不要讓我的父母和親朋友好友笑話。」

「沒問題！」丈夫拍著自己的胸脯保證。

他們很快來到了她的家裡。因為結婚後他們一直沒有回去過，妻子跟父母聊了許多家常事。期間，這個丈夫沒有事情做，就在妻子的父母家裡從一間房走到另一間，東看看西看看。

最後，他到了米房裡，看到了成堆的白米。他對這麼多白米堆在房間裡很好奇，想看一看這米是不是真的，於是抓起一把白米塞到嘴裡，正當他嚼了嚼要嚥下去的時候，妻子和岳父岳母恰巧走進了米房。

這時，他嘴裡的米嚥也不是，不嚥也不是，只能把米塞到兩腮中，腮看起來鼓鼓的。

妻子見狀大驚，連忙對父母說，丈夫八成是病了，要趕快找個醫生來。

醫生不久就到了，對著病人的腮幫子左看看右看看，用力地摸了摸，最後斷定，病人腮頰裡長了無名的腫塊，一定要動手術摘除。

那個丈夫雖然很擔心，但是他一想起妻子對他說過的話，一定不能讓別人笑話自己，就一句話都說不出來了。

很快地，醫生將手術刀消毒好，並熟練地在病人的臉頰上劃開了一道口子。但隨後，他的手就停在了半空中，手術刀劃過的地方，出現一小把白色的大米。

此時在場的人誰都說不出話來，尤其是醫生，他竟然沒有診斷出病人的腫塊其實是嘴裡的白米！

犯了錯誤，有了缺點都沒有關係，關鍵是要承認自己的錯誤和缺點。每個人都有缺點和不足的地方，我們應當學會接受這些缺點和不足，才能選擇適合我們的生活和工作。

歌德是歷史上著名的文學家，他的文學才華大家有目共睹。

可是，歌德開始時的志向並不在文學上，他從小就希望自己能夠成為一名舉世聞名的卓越的畫家。

歌德為此花了十年的時間專攻繪畫技術，但一直都沒有什麼起色。直到四十歲的時候，有一次到義大利旅行，看到真正的世界級大師的繪畫作品，心裡引起了極大的震撼，終於明白自己的長處不在繪畫方面。

回國後，他放棄了繪畫，開始主攻文學，最終得到了人們的認可，成為一名舉世聞名的文學家。

承認自己有所短，才能發現自己的所長，進一步利用自己的

長處創造自己的成功人生。

連續六年蟬聯世界男子網球賽排名第一的名將 Ivan Lendell 可能是網球史上第一位敢於承認自己對網球並非全部精通的人。據他自己講，論網上截擊，他比不上 John McEnroe，論接球的速度，他也比不過 Boris Becker。儘管這樣，他仍是排行榜上的第一名。

Ivan Lendell 的成功在於他對自己的長處和短處一清二楚，這使得他知道在什麼方面努力可以優於別人。

有句話說得好，叫做「人貴有自知之明」。如果一個人能夠對自己的優缺點有較為明晰的認識，就能夠明確自己努力的方向，如果再踏實地奮鬥，假以時日必成大器。

人的自知是有方法的，可以透過一定階段的回顧來認識自己。認識自己並不是一朝一夕的事情，有時候，我們要花很長時間，經過很多的改變才能知道自己的優缺點，確定自己努力的方向。

有個男孩子是一個各方面發展均衡的人。他的體育成績在班上屬於中上程度，文科和理科的成績不相上下，寫作能力較強，有創造的天分，後來順利地考上了大學。

在他大學一年級的時候，選了幾門課幾乎都是理科的課程，他還希望主修理論物理。

可是，過了一年，男孩發現他並不是真正的想要學習物理，只是對物理學中的數學比較感興趣。於是，第二年，他把自己的主修課改成了數學。

到了大學三年級，男孩的想法又有了改變，覺得數學雖然十分條理，可是，卻沒有人文氣息，顯得有點冷酷。他發現自己還

是比較喜歡既有協調的美感，又有人文氣息的藝術相關學問。

他的父親是一個踏實努力，對興趣和事業從一而終的人，他實在搞不懂自己的兒子問題出在哪裡，為什麼總是換來換去的。不過，讓他最終感到欣慰的是，他的兒子最後終於找到了一個從一而終的行業——建築業。

其實，男孩的做法是值得我們學習的。在我們認識自己的過程中，需要花一點時間知道自己的興趣在哪裡，像男孩一樣不斷嘗試，不失為一個好的辦法。畢竟，所有的事情都要我們自己完成，認識自己也不例外。

即使有人對你說，你具有數學的天分，或是你在音樂方面沒有才能，是一個音癡，也不應該盲目地相信這些話，而要透過自己的實踐來認識自己，前提是你要對數學和音樂有興趣。

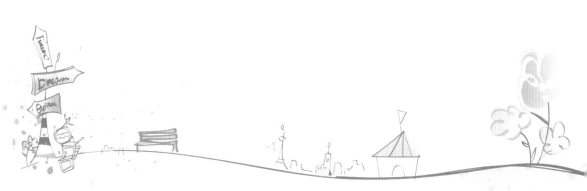

失去尊嚴的人，當不了主角

自尊是十分值得我們珍視的東西，擁有自尊，
才能稱得上是一個完整意義上的人。

在我十幾歲的時候，有一次，家裡有人敲門，父親開門一看，
是一個年輕人。還沒等父親問話，他就對父親說，他是因為家裡
實在太窮了，只能出來乞討，希望父親能夠給他一點錢，哪怕只
是一點食物也可以。

父親聽後，沒說什麼就走進房中，拿了一些食物給他，然後
請他到另外一個房間裡說話。

出於好奇，當時我躡手躡腳地走到那個房間的門外，偷聽他
們的談話。父親對那個年輕人說：「你這麼年輕，為什麼要乞討
呢？」

年輕人支支吾吾地回答父親：「因為我們家裡太窮，我又不
會什麼技術，所以只能出來討生活。」

「可是，」父親接著說道：「你可以去做些不用技術的工作
啊，比如，到建築工地上面找些工作做。」

年輕人抬起頭來，不說話地看著父親。父親繼續對他說：「我
看這樣吧，我幫你找一份工地上的工作，你不會也沒關係，開始
時給你的錢少點，等你熟練了，再加錢給你好嗎？」

對父親的話，年輕人有點吃驚。其實不止年輕人，門外偷聽

的我也覺得十分奇怪，與年輕人素昧平生，父親為什麼要替他找一份工作呢？

後來，跟父親聊起當年的這些事情，我才知道，父親年輕時家庭也很窮困，因為受人幫助得到機會，所以才能夠努力到現在，逐步幫家庭擺脫了困難的境地。「同是天涯淪落人，相逢何必曾相識。」大概就是父親當時對這個年輕人的感覺吧。

所幸那個年輕人是一個肯吃苦，願意上進的人，很快地，他的技術熟練了起來，生活也開始好轉，後來，又當上了工頭。他對父親十分感激，是父親讓他重新拾起自尊，並且給了他向上努力的台階。

拾起自尊不是一件容易的事情，但丟失自尊卻十分簡單。聽說在好萊塢電影城旁邊的一些酒吧裡面，進行情色交易的人中，有許多是曾經抱著明星夢來到好萊塢的。

成功需要付出艱辛的努力，她們並不想付出，卻又不想回到家鄉繼續過窮困的生活。最後，她們選擇了出賣自己的自尊，因為這樣，她們就可以在繁華的好萊塢，過奢侈的生活。

當有一天她們厭倦了這種生活，想拾回自尊時，卻發現自己已經習慣了沒有自尊的生活。最後，她們成了好萊塢的悲劇。

自尊是十分值得我們珍視的東西，擁有自尊，才能稱得上是一個完整意義上的人，才能成為生活的主角。

幾年前，有位作家在火車站出站口的地下道，看到一個年輕人坐在地下道，一邊彈吉他，一邊唱歌。

他的面前放著一個小小的盒子，盒子裡放著一塊、十塊甚至五十塊錢。作家走到那個年輕人的旁邊，給了他一張百元鈔票。

他對著作家友善地笑了一下，笑容中，絲毫沒有卑下的神情。

他的吉他和歌聲都非常棒，而作家又不趕著去辦事情，所以，就靜靜地站在旁邊聽他彈琴唱歌。

等他彈完一曲後，作家問他為什麼要選擇這種方式謀生。

他說，其實他是一個流浪的藝人，想闖出點名堂來，可是，沒有足夠的錢出自己的唱片，想去找份工作賺些錢，但又只想做與他的專業有關的事情。所以，他就學國外的流浪藝人，白天在地下道，晚上到酒吧裡彈琴唱歌，這樣，就能以最快的速度賺到出唱片的錢。

作家問他：「在地下道裡唱歌，你不覺得沒有自尊嗎？」

他笑了一笑，平靜地對作家說：「不會啊，我是向人們展示我的藝術來賺錢。」

聽了他的話，作家竟一時感動地說不出話來。

我們不知道這個在地下道唱歌的人後來有沒有賺到足夠出唱片的錢，或是更甚者，在地下道或者某處酒吧裡，被某個歌唱公司的星探發現，事業出現一個極大的轉機。

但是我們知道，這個在地下道裡唱歌賺錢的流浪歌手，雖然在人前低頭唱歌，卻沒有放下自尊，一定活得十分高貴，雖然尚未出成唱片，但已經是人生舞台上的最佳主角。

能夠發表己見，才會被人看見

不敢勇敢表達自己的想法的人，多半是對自己
的想法沒有自信心，要想勇敢的表達自己的想
法，首先應當樹立信心。

　　相對於歐美人來說，東方人是比較含蓄的。因為含蓄，東方
人不用直接的方式表達情感，也間接造成大多數人不敢當眾發言，
表達自己的見解。

　　其實，古代絕不缺乏敢於表達自己見解的人，唐代魏徵就是
一例。

　　大家都知道，唐太宗李世民是透過玄武門之變，殺死自己的
兄弟而成為皇帝的。玄武門之變後，有人對李世民說：「東宮有
個官員，名叫魏徵，曾經在皇太子建成手下做過事情，還曾經勸
建成太子除掉秦王您。」

　　李世民聽了，立刻派人找來了魏徵。

　　見到魏徵後，李世民一臉怒氣地問他：「我聽說你在我們兄
弟之間挑撥離間？」當時在場的大臣無不為魏徵捏把冷汗。

　　魏徵卻面無懼色，不慌不忙地說：「可惜當時太子沒有聽從
我的勸告，否則，也不會發生那樣的變故了。」

　　旁邊的大臣聽了魏徵的話，心下都想，這下魏徵可完了，這
樣對李世民說話，一定是必死無疑了！

可是，出乎他們意料之外的是，李世民聽了魏徵的話，不僅沒有殺他，反而覺得魏徵這個人敢於直言，極有膽識，因此沒有責怪他。

後來，李世民即位成了唐代的皇帝，任命魏徵為諫議大夫。

做了諫議大夫之後的魏徵更加不辱使命，常常給進諫。開始時李世民還可以和顏悅色地接受他的建議和批評，但後來，魏徵提的意見越來越多，唐太宗稍有不對，魏徵就會立即進諫，絲毫不給唐太宗留面子。

有一次，在唐太宗上朝時，魏徵進諫時據理力爭，弄得唐太宗面紅耳赤，實在難以忍受。可是，唐太宗怕如果發作起來，會在群臣面前丟了勇於納諫的好名聲，只好勉強忍住。

退朝後，他氣沖沖地回到內宮，看到妻子長孫皇后，立即發作道：「這個魏徵，我總有一天要殺死這個鄉巴佬！」

長孫皇后聽後，一聲不響地回室內換了一身正式朝見皇帝的朝服，對著太宗跪下了下去。

唐太宗不明就裡，驚奇地問道：「妳這是何意啊？」

長孫皇后低頭回答道：「我聽說只有皇帝英明了，朝中才有正直的大臣，現在朝中有魏徵這個正直的大臣，說明陛下是一位英明的君主，我怎麼能不祝賀陛下您呢？」

一席話使得唐太宗怒氣全無。

後來，魏徵還是直言進諫，直到西元六四三年病逝。得知魏徵過世的消息，唐太宗十分難過，流著說：「以銅為鏡，可以正衣冠；以史為鏡，可以知興替；以人為鏡，可以明得失。」

意思是，魏徵就像是他的一面鏡子，讓他知道自己做的是對或是錯，可是魏徵已去，這面鏡子也就沒有了，唐太宗因此覺得十分悲傷。

　　像魏徵這樣敢於直言的人是少數。多數人不願意在公眾場合發表自己的見解，往往是因爲害怕，害怕自己的見解被持不同想法的人聽見，從而樹立一些在暗處的敵人，可能對自己以後的工作和生活十分不利。畢竟，像唐太宗那樣聽得進別人的不同意見的人並不多啊！

　　除了上面的原因外，有些人不願意在公眾場合勇敢地說出自己的想法，可能是害怕自己會出糗，認爲自己的想法比較幼稚，或許會貽笑大方；或者自己在某一領域已經做出了一些成就，是個有頭有臉的人，如果講錯了，豈不有損自己的形象等等。

　　歸根究柢，不敢勇敢地表達自己的想法的人，多半是對自己的想法沒有自信心，要想勇敢的表達自己的想法，首先應當樹立信心。在一個人講話時，人們所關注的，大多不會是他的外表或者他的口齒是否標準，而是講話的內容，講話的人大可不必擔心有人會對你的衣著外貌指指點點。

　　其次，言談時應當有自己獨立的思想，既然人們關注的是講話的內容，就要講出讓大家感興趣的言論，一定要有豐富充實的談話內容。

　　獨立思想的培養不是一朝一夕能夠做得到的，應當在平時做任何事情的時候，有意識地進行獨立思考，不僅能夠泰然自若地說話，同時也能夠透過言談，把自己的想法講出來，與交談對象進行一次很好的溝通，使雙方都有所受益，成爲最受歡迎的主角。

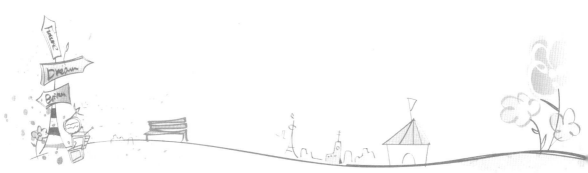

不要用情緒解決問題

「以柔克剛」的溝通技巧，不僅讓可能引起對立的情緒消失，更能心平氣和地溝通交談。

德國作家孚希特萬格說：「只有傻子才會對照出自己容貌的鏡子生氣。」

這番話告訴我們，面對別人的批評，先按捺住情緒，勇敢檢討自己所有的缺失，才是明智之舉。

日本知名的心理學者多湖輝先生，在大學時代，曾遇上一位教學非常嚴格的德文教師。

有一次，講課時，這個德文老師犯了一個錯誤，而發現這個錯誤的，只有多湖輝一個人。

於是，多湖輝為了讓老師出醜，便直指老師的錯誤，但是老師卻很謙虛地說：「你說得對，能發現這麼重要錯誤的，只有你一個人，其他的同學都沒發現嗎？是不是都在睡覺呢？」

老師誇讚了多湖輝之後，接著說：「這個部份是每個人都很容易出錯的地方，大家要特別注意。」

本來，多湖輝和同學們都認為，老師會因為學生的指責而惱羞成怒，沒想到他竟是如此友善，虛心受教，在誇獎多湖輝後，反而讓學生們對老師產生了敬重，更加肯定他的教學，從此也不

再批評老師嚴格的教學了。

　　從這則小故事中，我們學到了另一種「以柔克剛」的溝通技巧，更學到以「謙虛為懷」化解問題的好處，不僅讓可能引起對立的情緒消失，更能心平氣和地溝通交談。

　　這正是習慣以情緒解決問題的現代人，所必須學習的技巧。

　　批評和指責的原因一點也不重要，重要的是，在發現問題後如何改善，並且記得不再犯同樣的錯。

　　所以，下次若有人不客氣地告訴你：「你知不知道你犯了很大的錯誤」時，別急著動火，先說聲「謝謝」。

　　相信對手會因為你的虛心受教，願意提供更多的意見，甚至給予協助，為彼此創造雙贏的新局。

PART 4

克服自卑才有
當主角的機會

選擇當一個襯托他人的配角，
還是成為舉足輕重、影響大局的主角，
有時候就在自卑和自信的一念之間。

克服自卑才有當主角的機會

選擇當一個襯托他人的配角，還是成為舉足輕
重、影響大局的主角，有時候就在自卑和自信
的一念之間。

自卑是人生成功的大敵。

卡爾‧華倫達是世界著名的走鋼絲表演者。他曾經說：「走
鋼絲才是我真正的人生，其他的時間都是為走鋼絲而做的準備和
等待。」他對走鋼絲表演的熱愛由此可見。

一九七八年，噩運卻降臨他的頭上。在波多黎各表演時，華
倫達從高達七十五英呎的鋼絲上掉下來，當場死亡。這讓許多人
都深感意外，華倫達是不會出這樣的差錯的，後來，華倫達的太
太說出了實情。

在波多黎各表演前的三個月，華倫達開始覺得很自卑，不斷
懷疑自己的能力，甚至對太太說：「這次我可能掉下去。」

他還常常以一種十分沮喪的語氣問他的太太：「我這次萬一
掉下去怎麼辦呢？」於是，他花了很多時間和精力，努力使自己
不要從鋼絲上掉下來，而不是用來讓自己從鋼絲上走過，結果，
他失敗了。

與華倫達的悲劇相反，曾經是美國政府議員的愛爾默‧托馬
斯成功戰勝自卑，一步步創造了自己的成功人生。

　　愛爾默‧托馬斯十五歲時心裡充滿了自卑感，他的個子高得與他的年齡不符，體形又十分瘦削，遠遠看來就像一根竹竿一樣，他的運動才能也比較差，比不上同學們。他特別的外形使得同學們經常取笑他，並替他取一些十分不好聽的外號。

　　托馬斯住在自己的農莊裡，平時不太跟陌生人交往，每天只面對他的父母及兄弟姐妹。托馬斯十分自卑，隨時隨地都為自己的身材自憐自艾，別的事情什麼都不想。

　　幸好托馬斯的母親十分瞭解他的感受。她曾經在學校做過老師，希望兒子能夠接受學校教育，讓他不要太在意與自己身體相關的問題。

　　學校教育給了托馬斯克服自卑的機會。入學後的第八週，托馬斯通過一個考試，可以得到一份三級證書，持有這張證書的人可以到鄉下的公立學校教書。

　　雖然這張證書的有效期只有半年的時間，可是，這是托馬斯有生以來，除了他的母親以外，第一次別人對他產生信心的證明。後來，一個鄉下的學校聘請他去教書，月薪是四十美元。

　　拿到第一份薪水後，托馬斯到一家服裝店裡買了一身十分合身的衣服，大大提高他的自信。

　　使托馬斯最終戰勝自卑的事情發生在他們鎮裡一年一度的集會上。集會上有一項活動是演講比賽，托馬斯的母親敦促他去參加這一比賽。

　　可是，這對連單獨跟一個人講話的膽量都沒有的托馬斯來說，是一個極大的挑戰。托馬斯拗不過母親，最終還是報了名。

　　托馬斯為這次比賽做了精心的準備，為了臨場有所發揮，對著農莊裡的樹木和牛群練習不下一百遍。

　　比賽那天，他勇敢地走上講台，把自己精心準備的話對著許

多人講了出來。

　　他當時並不知道自己講得怎麼樣，但是，因為他全心投入到了演講中，所以他沒有因自卑的感覺而怯場。比賽結果更是大大出乎他的意料之外，他得了第二名，並且因此贏得了師範學院一年的獎學金。

　　這件事後，托馬斯終於不再自卑，成了一個充滿自信的人。

　　在現實生活中，有許多人也像托馬斯一樣，因為外形不太好看而自卑，比如過胖過瘦、過矮過黑、有青春痘等等。

　　但並不是所有外形不好的人都會自卑，恐怕比拿破崙更矮，比林肯更醜陋，比邱吉爾更臃腫的人都很少見，可是，比拿破崙、林肯和邱吉爾自卑的人卻比比皆是。

　　從某種程度上來講，偉人的偉大之處也在於他們能夠克服自卑，充分展現自信。

　　有一個小和尚向他的師父請教人生的價值是什麼。師父拿了一塊石頭給他，然後對他說：「你把這塊石頭拿到集市上去賣，不過不要標價，也不要真的賣掉，你只要把人家替這塊石頭出的價格告訴我就可以了。等你做完這件事，我就告訴你人生的價值是什麼。」

　　小和尚雖然不知道師父的用意，但為了為了知道人生的價值到底是什麼，他還是按照師父的話做了。

　　三天以後，小和尚從集市上回來了。他對師父說：「真是太奇怪了，第一天，有兩個人來買石頭，其中一個人出十塊錢，他說他只是想買一塊用來泡菜的石頭；第二個人出二十塊，他說他覺得這塊石頭比較適合做鎮紙。」

「喔，是嗎？後來呢？」師父接著問道。

「第二天，有一個人來買石頭，他出價比第一天那兩個人高出許多，他出五十萬，他說這塊石頭是一塊玉石，而且難得一見。到了第三天，又有個人來買石頭，您猜他出了多少錢——五千萬！他說這塊石頭是一塊鑽石，是一塊難得的美鑽。」

聽到這裡，小和尚的師父微微一笑。

小和尚十分不解，問道：「師父，這塊究竟是什麼石頭啊？」

師父回答道：「這其實就是一顆美鑽。可是它的價值卻在於你用什麼樣的眼光來看它。明明是一顆美鑽，如果你不用鑽石的眼光來看它，它也不過是一塊可以做泡菜和鎮紙的普通石頭而已。」小和尚聽後，若有所悟。

這個故事義涵十分的深刻，從中我們可以知道，只有自信，才能使人成功，而自卑只會讓人徘徊在成功的門外。

大家都知道DNA的結構是螺旋形的。可是，關於它的結構形狀的發現還有一個發人深思的故事。

一九五一年，英國人弗蘭克林從自己拍攝的一組X射線衍射照片上就看到了DNA的螺旋狀結構。

這個發現很有衝擊性，弗蘭克林為此舉行了一個報告會，但由於他的自卑感，開始時就十分懷疑自己論點的可靠性，於是，他在報告會上提出，他的關於DNA螺旋狀結構的想法只是一個假說。會後，他也沒有進一步論證假說的可靠性，後來他甚至放棄了這個假說。

兩年後，沃森和克里克也在照片上發現了DNA的螺旋結構，他們經過不斷的研究，提出了DNA雙螺旋結構的假說。

這一假說的提出具有劃時代的意義，標誌著生物時代的開始。

沃森和克里克也因此獲得了一九六二年的諾貝爾醫學獎。

不要讓未來的你瞧不起現在的自己！選擇當一個襯托他人的配角，還是成為舉足輕重、影響大局的主角，有時候就在自卑和自信的一念之間。

跨越艱難，成功就在眼前

如果你有一流的夢想，又能對這個夢想傾注一流的努力，不管遇到了什麼艱辛，只要越過了它，就一定能夠成功！

即使受條件限制不能做出輝煌的成績，也不要放任自己，自暴自棄。

有一個人到國外留學，希望獲得劍橋大學的碩士和博士學位。這個留學生的太極拳打得很棒，可以用這項技能打工，貼補自己的生活，可是，他沒有這麼做，因為這樣做會使他分心，不利於完成博士學位。於是，他讓自己的生活水準降至最低點，省下一些生活費。

他每天去買商店過期的麵包，帶著麵包到圖書館裡去讀書，中午時就在圖書館的休息室裡吃自帶的麵包。

有的圖書館會提供一些免費的牛奶，這為他提供了更多一些的營養來源，有的時候，他每天的生活費加起來還不到一美元。就是在這種情況下，這個留學生僅用了八年的時間就拿到了碩士和博士學位。

即使受條件的限制暫時不能做出輝煌的成績，也應該咬緊牙關努力，不應當以此為理由，使自己成為三流的人。

在努力成功的過程中，最難做到的就是用堅忍不拔的意志使

自己一直向一流的方向努力，而不是中途退縮成為三流的人，要達到這一點，往往需要付出艱辛的努力。

入選金氏世界紀錄，被稱為世界上最長的一幅歷史畫卷的〈中國帝王圖〉出自一位中國畫家之手。

這位中國畫家叫做趙開雷，是忻州地區電視台的一位工作人員。一次偶然的機會，他想要畫一幅完整的〈中國帝王圖〉，便將自己的全部精力投入了進去。

中國古已有帝王圖，可是，要想完成中國所有的帝王圖，還不能將帝王畫得千篇一律，要畫出他們各自不同的性格特點，就不是一件容易的事情了。趙開雷遇到的第一個問題就是要瞭解中國所有帝王的數量，以及他們的事蹟，於是找了二十四史等上百本史書研讀。

半年後，他終於排列出中國五千年的六○三位帝王，並從中選出比較有代表性的一○二位進行繪製。

隨後，他又花了三年的時間，認真研讀正史、野史及其他文獻中關於這些帝王的記載，並專門跑遍全國各地去探尋這些帝王的歷史足跡。

經過三年的不懈努力，他對選出的一○二位帝王的言行舉止及性格特點已了然於心。這個時候，他的靈感一發不可收拾，經過了三年的醞釀和準備，終於開筆了。此後，趙開雷用七年的時間潛心繪畫，過著與世隔絕的生活。他不記得吃過了什麼，卻會忽然從夢中驚醒，跑去畫圖。

經過日以繼夜廢寢忘食的努力，趙開雷終於完成了他的畫作，前後一共用了十年的時間。

在完成畫稿的那一刻，他和妻子相擁而泣，他的哭泣是因為

他經歷了千辛萬苦終於完成了自己的理想；他的妻子也是因為自己費盡辛苦，終於等來了自己丈夫的成功，喜極而泣。十年來，趙開雷從來沒有管過自己的孩子，從來沒有出去買過大米，這些都是妻子替他一肩扛起的。

但趙開雷和他的妻子的付出是值得的，〈中國帝王圖〉震驚了中外畫壇。二○○五年五月，趙開雷赴美展出他的畫作，還榮獲了中國吳道子研究會頒發的「畫聖獎」。

趙開雷的事蹟證明，如果你有一流的夢想，又能對這個夢想傾注一流的努力，那麼，不管你在前進的途中遇到了什麼樣的艱辛，只要越過了它，就一定能夠獲得成功！

所有的成就都是從最艱辛的努力慢慢累積起來的，所有的主角都是從配角一步步爬上去的。

刻意的期盼容易帶來極大的失望

對自己的期盼越高，越會成為成功的一種阻力，不必對自己施加過於苛刻的期盼，給自己一個放鬆的機會。

　　說到對自己的期盼，常聽人說到那句拿破崙的名言：「不想當將軍的士兵不是好士兵。」

　　但是，這裡存在著一個問題，那就是太想當將軍，卻不講究方法的人，既當不了將軍，也不是好的士兵。

　　你應當樹立對自己的適度期盼，比如，如果你對電腦一竅不通，但卻立志要成為比爾·蓋茲，這樣的期盼就是不適度的。

　　如果對自己樹立了這樣的期盼，結果只會使自己充滿失望，失去自信，反而會對成功不利。

　　你也許不知道保爾·德塞納維爾是誰，可是你很可能聽過他譜出來的曲子，就是那首〈水邊的阿蒂麗娜〉。

　　德塞納維爾並沒有太大的野心，他一直認為自己是一個做什麼事情都不怎麼會成功的人。

　　有一天，他隨口哼出了一段曲子，他不識譜，當然更不會寫譜了，所以他用答錄機把自己哼的曲子錄了下來，請人將它寫成樂譜。這就是那首著名的〈水邊的阿蒂麗娜〉，阿蒂麗娜是他大女兒的名字。

曲子寫好後，德塞納維爾在一個遊藝場找來一個鋼琴演奏家，彈奏這首曲子，並錄了音。

這個演奏家當時並不出名，經濟狀況也不好，德塞納維爾幫他取了一個藝名，叫做理查‧克萊德曼，也就是後來的鋼琴王子。他的演奏受到無數樂迷的喜愛。

克萊德曼的唱片賣了二千六百萬張，德塞納維爾也變成了一個有錢人。

他曾經說，自己沒有什麼文化，不識譜，也不懂其他的樂理知識。不過，他喜歡隨便哼哼些調子，都是些簡單的，大眾愛聽的調子。

繼第一張專輯後，德塞納維爾又寫了數百首曲子，這些曲子經過演奏家的演奏，在全世界都十分流行。德塞納維爾就靠這些曲子的版稅收入，晉升為世界級的富翁。

一九九二年，他因為走錯了門，在一間錄音室裡無意中遇到了迪戈‧莫德納。

莫德納是個阿根廷人，是個職業吹長笛的人，莫德納脖子上的一個小配件引起了德塞納維爾的興趣。

那是一件小樂器，名字叫做「陶笛」，德塞納維爾以前從來沒有見過這種樂器，便請莫德納為他演奏了一下。聽完演奏之後，德塞納維爾馬上喜歡上這種音樂，並立即跟莫德納簽訂了聘任的合約。

隨後，他們灌製了陶笛與大提琴等樂器的協奏曲唱片，名叫《陶笛之聲》。《陶笛之聲》共賣出一百一十萬張，唱片中的十二首曲子全都出自德塞納維爾之手。

德塞納維爾的成功與他的適度的自我期盼不無關係。事情往

往就是這樣，對自己的期盼越高，隨之而來的壓力就越大，壓力越大越會成為成功的一種阻力。

有的時候，真的不必對自己施加過於苛刻的期盼。

如果這種情況出現了，就要注意調整一下，給自己一個放鬆的機會。

堅持到底，就是成功的開始

 偉人與普通人一樣，也會有失望和沮喪的情緒。不同的是，在失望的沮喪之後，偉人仍然繼續堅持自己的道路。

有一個人非常聰明，想到了一條絕妙的致富方法。他去賭球，然後在網上發了十萬份 e-mail 給別人。他告訴其中的五萬人說，我預測這次球賽某某隊會贏，然後又告訴另外的五萬人某某隊會輸。等球賽的結果出來後，至少有五萬人覺得他的預測是正確的。

第二場球賽開始後，這個人就只給覺得他的預測正確的五萬個人再發 e-mail，忽略另外接到他預測失敗郵件的人。同樣的，他還是發兩種截然相反的預測資訊給兩組人，結果還是對一半。他就再把得到他的正確預測的二萬五千人再平分，然後再進行兩種不同的預測並發給雙方。

他用這種方法做了三四次後，就擁有了至少數千人的信眾。人們紛紛爭相走告，說有個人真是神了，總是能準確地預測哪一隊會贏。

慢慢的，他的名氣越來越大，很多人成了他的崇拜者。就在這時，他開始收取預測的費用，因為傳說他預測很準，所以崇拜者就願意也捨得付給他高額的預測費。他成了一名專業人士，或者說是「專家」，名利雙收。

雖然這個故事有醜化專家之嫌，可是，從這個故事裡面卻可以得到一些啓示：專家也有浪得虛名者。在你知道了眞相後，對這樣的專家還會產生崇拜之情嗎？我想你的回答是明確而堅決的「不」。

其實，即使是眞正的專家，在我們瞭解了他們成功的原因以後，也不會再盲目地對他們產生崇拜之心，因爲，他們成功的道路我們一樣可以走一走，我們也可能會獲得像他們那樣的成就。

法國文壇上有一對著名的父子，就是大仲馬和他的兒子小仲馬。據說，小仲馬剛開始寫作時，並沒有顯示出特別優異的寫作才能，他寫出的故事情節平平，文筆也不是特別出色，投稿經常被出版社退回。

大仲馬看著兒子沒有得到認可，怕兒子受不了這樣的打擊而對文學失去興趣，有一次，在小仲馬又拿到了退稿通知的時候，大仲馬對他說：「下次再投稿時，可以在你的個人簡介裡寫上，你是著名作家大仲馬的兒子。這樣他們就不會退稿了。」

小仲馬並不領父親的情，他對大仲馬說：「我知道您是一個十分優秀的作家，可是，您是您，我是我，我不想坐在您的肩頭摘樹上的蘋果，這樣摘到的蘋果一定不甜！」

小仲馬後來不僅沒有使用他父親的建議，反而替自己取了許多個筆名，盡力讓看他作品的那些編輯們不把他和他的父親大仲馬聯繫起來。

不久，他投稿的《茶花女》就以獨特的構思和優美的文筆得到了編輯們的青睞，終於以自己的努力成爲了一名與他的父親一樣的優秀作家。

這個故事告訴我們，優秀人物的成功也是靠自己的艱苦奮鬥

得來的，他們並非生來就是天才。

愛因斯坦小時候上勞作課時，交給老師一把他做的小板凳。老師看到板凳時說：「天呢！這麼糟糕的小板凳，恐怕再也沒有比這更差的了。」

愛因斯坦聽到老師的話後立即回答說：「有的，」隨即從他的抽屜裡拿出了另外兩個，對老師說：「這是我前兩次做的。」

這個故事真正想告訴我們的是：即使是偉大的物理學家愛因斯坦，也不是從小就是出類拔萃的人。

偉人也是普通人，借用魯迅先生的一句話說：「即使是偉人，他出生後的第一聲啼哭也絕不是一首好詩。」

偉人與普通人一樣，也會犯錯誤，也會有失望和沮喪的情緒。可是與普通人不同的是，在失望的沮喪之後，偉人仍然繼續堅持自己的道路，普通人則會放棄。

如果做一個調查，問一問做著偉人夢的人為什麼想成為偉人，很多人也許會這麼回答說：偉人往往會取得某一方面的偉大成就，從中得到相對的社會認同和利益。

有一個朋友的唯一理想就是成為一名學者，問他為什麼，他說：「如果我現在是著名的學者，就會被各個知名大學邀請授課。這樣，我不僅能夠獲得豐厚的報酬，同時，還擁有較高的社會地位，真是一舉兩得。」

我反問他：「你有沒有想過怎樣成為那樣的學者？」

「想過，」他說：「可是我沒有那樣的機遇。」

「除了機遇之外，難道就沒有其他的嗎？比如學識？」我繼

續問他。

「學識？這個社會人們的學識都是差不多的！現在的學術圈就是娛樂圈，靠的是包裝和機遇。」

他的回答讓我無話可說，我和他的想法截然不同。因為我知道，即使機遇對一個人的成功有極其重要的作用，但是有一點我們還是不能忽略，那就是個人的能力和學識！

大部分人往往只看得到偉人的成功，看到偉人在成功之後得到的鮮花和掌聲，卻忽視了了偉人在成功的過程中所付出的艱苦努力！

愛迪生花了十幾個月的時間，經歷了無數次失敗的實驗，試用六千多種纖維材料作燈絲，最終才發明了我們今天仍在廣泛使用的鎢絲電燈。中國古代科學家祖沖之，在簡陋的條件下，經過無數次的實驗，終於將圓周率準確算到小數點後七位。魯迅一生都在實踐著自己的話：「哪裡有什麼天才，我只是把別人喝咖啡的時間都用在寫作上。」

比爾·蓋茲一年只有五天的休息時間，在這五天中，他還要思索公司的相關問題。

這些例子不勝枚舉。

試問，你能做到這樣嗎？你有付出一切只求成功的決心嗎？你有面對失敗，堅持到底的勇氣嗎？如果你的回答是肯定的，那麼，我可以清楚地告訴你，你一定可以成為一名偉人，成為世界舞台上的主角。

扮演適當的角色讓人生更出色

張愛玲曾說「出名要趁早」，其實換工作也要趁早，不要等到鬢角斑白時還在思考自己究竟適合扮演什麼角色。

成功者所做的事，大部分都是自己比較喜歡的事業，愛迪生如果不是喜歡發明，那麼他不會把時間花費在一千多次的實驗上。

如果做一件自己喜歡做的事情，一定會不計時間，不計體力地努力完成這件工作。但如果做一件自己不喜歡的事情，則會無精打采、拖拖拉拉，不到最後期限絕不努力。

這就像愛因斯坦在一次會議上對於他的相對論的解釋。

愛因斯坦曾被外行人問到，他的相對論到底是什麼。

愛因斯坦想了想，微笑著回答說：「所謂的相對論，打個比方，就是如果你跟一個你十分心儀的女孩在一起，那麼一個小時的時間就像一分鐘一樣倏然而逝；如果你跟一個你極討厭女孩在一起，那麼，一分鐘的時間就如一個小時一樣漫長。」

其實，每個人的心中都有一個心儀已久的對象——興趣。可能由於我們年齡或其他的方面的問題，使得我們不能立即認定對方就是自己尋找的伴侶，對興趣的認識也是如此。

無論如何，一旦找到了自己真正的興趣，就會奮不顧身，全心全意地投入，力圖與它長相廝守。

　　知道什麼是自己的興趣非常重要，尤其在工作時。有的人因為不知道自己喜歡做什麼，所以往往在不喜歡的工作中蹉跎著。

　　小君是公務員，工作待遇很好，工作壓力又不是非常大，是現在許多畢業生嚮往的工作。

　　小君卻不是因為喜歡這個職業才做的，當初畢業時，周圍的親戚朋友都說這個職業不錯，小君才選擇當公務員。小君在高考中發揮得特別好，因此也就順利地得到了這份工作。

　　小君雖然一開始對公務員的工作沒有什麼期望和設想，也並不討厭這個職業，但真正開始工作了，他才發現自己並不適合做公務員，但他又找不到另外可以做的工作。

　　或者，更確切地說，他不知道他喜歡做什麼。很多年下來，他雖然考得一堆證件，卻仍沒有離開公務員的崗位。

　　直到有一天，當他發現自己其實十分喜歡翻譯的工作時，年近四十歲的他已經沒有了跳槽重新開始的勇氣了。

　　張愛玲曾說過一句名言，叫做「出名要趁早」，其實對於平凡的人來講，換工作也要趁早，不要等到鬢角斑白時還在思考自己究竟喜歡哪種工作，適合扮演什麼樣的角色。

　　那麼該如何找到最想做的工作呢？

　　有一個最好的辦法，就是勇敢地嘗試。

　　扮演適當的角色，才會讓人生更出色。

　　如果一個人年輕的時候不去積極嘗試各種工作，找出最喜歡也最適合自己的角色，那麼，可能也會像小君一樣，在年近四十的日子裡品嚐絲絲的悔意，帶著遺憾度過下半生。

運用智慧搶奪別人的機會

在充滿競爭的社會中，除了能力要比別人強，
更要比別人懂得智謀的運用和機會的把握。

文藝復興時期的大藝術家達文西說：「鐵不用就會生鏽，水
不流就會發臭，人的智慧不用就會枯萎。」

確實如此，唯有懂得運用智慧的人，才可能激發高明的創意，
爲自己創造出無可比擬的競爭力。

日本松下公司準備從新聘的三名員工中，選出一位來從事市
場行銷企劃工作。人事主管計劃於是讓他們來個職前「魔鬼訓
練」，並從中挑選出最適合的人選。這三個人被送到廣島去生活
一天，每個人身上只有一天二千日元的生活費用，最後誰剩下來
的錢最多，誰就是優勝者。

生活費已經夠少了，還要有錢能剩下，實在是件困難的事。

一罐烏龍茶的價格是三百元，一瓶可樂的價格是二百元，而
且最便宜的旅館一夜也要二千元。

也就是說，他們手裡的錢剛好能在旅館裡住一夜，但是這麼
一來，他們一天的錢也就沒有了。所以，他們要不就別睡覺，要
不然就不吃飯，除非他們能在天黑之前，讓這些錢生出更多的錢。
但是前提是，他們必須單獨生活，三個人不能相互合作，更不能

幫人打工。

於是，三個人便開始各憑本事了。

第一位先生非常聰明，他用五百元買了一副墨鏡，用剩下的錢買了一把二手吉他，來到廣島最繁華的新幹線售票大廳外，扮起「盲人賣藝」來。半天下來，大琴盒裡已經裝了滿滿的鈔票了。

第二位先生也非常聰明，他花五百元做了一個大箱子，也放在繁華的廣場上，箱子上寫著：「將核子武器趕出地球，紀念廣島災難四十周年，為加快廣島建設大募捐」。然後，他用剩下的錢僱了兩個中學生，並在現場宣傳講演，不到中午，箱子也裝滿了一整箱的捐款了。

至於第三位先生，看起來好像是沒什麼頭腦的傢伙，也許他真的累了，所以他做的第一件事，就是找個小餐館，點了一杯清酒、一份生魚、一碗飯，好好地吃了一頓，一下子就花掉了一千五百元。接著，他找了一輛廢棄的汽車，好好地睡了一覺。

一天下來，第一位和第二位先生都對自己的聰明和不菲的收入暗自竊喜。可是，到了傍晚時，兩個人卻同時面臨了意料之外的厄運。

一名佩戴胸章和袖標、腰間配帶手槍的稽查人員出現在廣場上，他摘掉了「盲人」的眼鏡，摔爛了「盲人」的吉他，也撕破了募捐的箱子，在沒收了他們全部的「財產」後，還沒收了他們的身份證，揚言要以欺詐罪起訴他們。

就這樣，一天結束了，當第一位先生和第二位先生設法借到路費，狼狽不堪地返回松下公司時，已經比規定時間晚了一天了，而且更尷尬的是，那個「稽查人員」已經在公司恭候多時了！

原來，他就是那個在餐館裡吃飯，在汽車裡睡覺的第三個先生。他的投資，是用一百五十元做一個袖標、一枚胸章，花三百

五十元，向拾荒老人買了一把舊玩具手槍，和化裝用的絡腮鬍子。

　　這時，公司的國際市場經銷部課長走了出來，對著站在那裡發呆的「盲人」和「募捐人」說：「企業要生存發展，想獲得豐厚的利潤，不僅要知道如何攻入市場，更重要的是，要懂得如何攻下敵方的整個市場。」

　　現實社會就是這樣，戲法人人會變，巧妙各自不同。在充滿競爭的社會中，除了能力要比別人強，更要比別人懂得智謀的運用和機會的把握。

　　也許，遭遇到層層阻礙和打擊之時，有人會質疑社會的現實、不公，但是，與其質問別人的投機，不如學習第三位先生的機智。

　　人的智慧和創意是沒有極限的，當大家都用相同的手段和方法時，只要你能比別人多動腦一分鐘，你就能把別人的機會搶過來，甚至還能為自己創造另一個獨一無二的機會。

適度的放鬆使身心都健康

我們至少應當在心理上做到該工作的時候工作，該休假的時候就要休假，才是真正的休息。

現在有一個新起的名詞叫做亞健康，亞健康是指在健康與疾病之間的一種健康狀態，術語叫做第三狀態或者慢性疲勞綜合症。

隨著現代社會競爭的日益激烈，人們總是希望身體能夠達到巔峰狀態，用最佳狀況做事，成為一個十分成功的人。

當這種自我期盼升高的時候，就容易引起亞健康。亞健康的主要表現是容易疲勞困乏、失眠、注意力不夠集中等，但是如果去醫院進行全面的身體檢查，卻又會發現身體處於十分正常的狀態。

亞健康已經成為一個全球性的問題。據統計，美國每年有約六百萬人處於亞健康的狀態，日本則有百分之三十五人的人有亞健康的問題。更有專家指出，亞健康是二十一世紀人類健康的頭號大敵。

其實，亞健康問題並不難克服，以下是幾點比較有效的方法：

一、度假：

選擇一個星期或者兩個星期的時間，只是去度假，什麼都不要想。可以選擇到風景秀麗的地方去住一段時間，或者是遊覽各

地的名勝古蹟。其實，去哪裡並不重要，如果有適合度假放鬆的心情，那麼，在家外面的小花園裡散步，和在普吉島上玩遊艇是沒有什麼太大的區別的。

難就難在是不是有度假的心情。有的人有的是時間，卻沒有度假的心情，因為在假期裡，還要記掛著工作，計劃著要打電話給這個人或那個人，交代工作上要注意的事情。

我們至少應當在心理上做到該工作的時候工作，該休假的時候就要休假，這才是真正的休息。

二、運動：

如果你的工作忙到實在抽不出時間休假，那麼，讓自己恢復活力的最有效的辦法就是運動了。

運動不一定非得去豪華的健身房，在春暖花開的時候，室外的空氣比豪華的健身房要好太多了。

運動的形式有很多種，如果你是一個好動的人，那麼跳健身操、街舞或是打羽毛球、桌球都是不錯的選擇。如果你是一個好靜的人，也有許多選擇，像是爬山、散步、練瑜伽、打太極等等都非常不錯。

運動不僅可以使我們的身體保持健康和強壯，也能夠幫助我們舒緩工作和生活上的壓力。

三、培養興趣：

有的時候，對一件事情思慮過多，往往是因為有一些閒散的時間。如果你有一些沒有安排的時間，那麼，培養一種興趣喜好就可以填補這些空白。你可以種種花，養養寵物，甚或學習一種舞蹈。

我曾經看到一位老人每到晚飯後，就拿著一台老式的收音機到社區的小廣場上，一邊放音樂一邊跳舞。

開始的時候，只有少數幾個年紀大的人跟著他一起跳，後來，年輕人慢慢多了起來。現在，那裡似乎已經形成了一股風氣，每到晚飯過後就有許多人集合一起跳舞。在裡面跳舞的年輕人，氣色越來越好，臉上的笑容也越來越多了。

、看電影：

看電影是一種很好的減壓方式，特別是看喜劇電影或是恐怖電影。

毋庸置疑，喜劇片是為了博人一笑。當然，喜劇片也分不同的等級，不是只靠單純的搞笑動作或語言來逗樂觀眾的喜劇通常較為深刻，讓你在笑過之餘還能對人生有些感悟或是有些其他的收穫，周星馳有的電影就是這樣。如果你只是喜歡單純的搞笑片，也能帶來一種放鬆的感覺。

除了看喜劇電影外，看恐怖電影也是一種不錯的放鬆方法。因為在看恐怖電影的過程中，人的精神往往會比較緊張，看完後，人的精神就會鬆弛下來，在這一張一弛間，你的身體和心靈都會得到一定的放鬆。

但是，恐怖電影並不是適合所有的人看，如果觀看者對其中描述的一些事情十分相信，建議還是不看為好。

PART 5

演出盡全力，
就是一場好戲

只有做每件事情都盡力而為，
我們才能完成為自己設立的合理目標，
才能實現自己的理想。

能忍受痛苦，才能孕育出珍珠

如果不怕痛苦，禁受住磨練，告訴自己一定要
堅持下去，那麼，不久的將來，我們也會擁有
一顆光彩奪目的珍珠。

　　你是否有這樣的經驗，寒冷的冬天的早晨，你的鬧鐘已經響
了，可是你想一想外面的冷風，於是，伸手把鬧鐘的鈴聲關掉，
又縮進被子裡繼續睡覺。

　　或者，你很想有一個強壯健康的身體，因此，前一天晚上已
經計劃好第二天要起來晨跑，可是到了第二天的早晨，想想早起
晨跑後全身酸痛的感覺，你又繼續入睡。

　　其實，每個人都幾乎有過相同的體驗。畏寒懼痛雖是人身體
的正常的反應，但是，如果過於注重自身的感受，總想活得慵懶
舒服，就會成為一個意志力薄弱的人。這樣的人，是無法真正完
成任何一件事情的。

　　如果你想做成一件事情，比如，早起讀書或是運動，那麼，
你就要發揮自己堅強的意志力，克服第一天早起身體的不適和晨
練後全身的酸痛，等過幾天你就會形成習慣。不僅前面提到的種
種不適將煙消雲散，而且意志力也在不自覺間得到了鍛鍊。

　　每個人都可以成為意志堅強的人，但前提是你要有意識地鍛
鍊自己的意志力。人的意志力具有極大的可塑性，能把許多不可

能變成可能。

有一個小女孩得到嚴重的小兒麻痺症，經過無數次的手術，小女孩雖然保全了性命，身體卻成畸形，由於身體的畸形，使得她的心臟被擠到了腋下。

醫生斷言，小女孩只有二十五年的生命。

小女孩並沒有就此屈服，而是立志一定要努力上完小學、中學和大學。她的父母也是很有毅力的人，開始時，父親每天用一根繩子把小女孩綁在自行車的後座載她上學，接她放學。母親則在上課的時候陪在她的身邊，下課時帶她去洗手間。

就這樣風風雨雨地堅持了許多年，她憑著自己的努力讀完了小學、中學、大學。

她發表過許多小文章，也完成二部十萬字的自傳體小說。因為身體的緣故，她不能長時間的坐著，在寫作的過程中，她有時甚至因為勞累而昏倒。

但是，她憑著意志力，實踐了貝多芬的那句千古名言：「我要扼住命運的咽喉，它絕不能讓我屈服！」

鍛鍊自己的意志就是一個不斷克服困難的過程。如果你順利的經過了這個過程，「成功的喜悅」只是一個副產品。

有一天，螃蟹在水邊遇到了珍珠蚌。看到蚌在不停地擺動自己的身體，於是就問到：「你怎麼了？」

蚌一邊繼續擺動身體，一邊回答螃蟹：「有顆沙子進入我的身體裡了，我被它磨得很痛。」

「嘻嘻，」螃蟹幸災樂禍，「你真是夠倒楣的，怎麼不小心

一點，我就從來不會碰到這樣的事情！」蚌一時無語。

可是，不久以後，當螃蟹再次看到蚌的時候，牠身體裡的那顆沙子已經成了一顆美麗的珍珠。

其實，困難和苦難之於我們，就像沙子之於蚌。如果我們不怕痛苦，禁受住磨練，告訴自己一定要堅持下去，那麼，不久的將來，我們也會擁有一顆光彩奪目的珍珠。

唯有具體行動，才能迎接成功

 別光是想像成為主角的樣子，卻沒有更積極、具體的行動，現在就開始做吧。只有努力奮鬥，才能成就輝煌人生！

你一定曾經歷或至少見過下面的這幾場景：

場景一：

你一直想好好地讀讀世界名著，如《戰爭與和平》、《紅與黑》等等，可是你卻發現，要想找到一點空餘的時間實在太難了。

白天，你要工作，即使有的時候，你的工作只是喝著茶一遍遍地看過期的報紙；中午你要午休，即使在午休前後你還有大概半個多小時的時間無所事事，你常常用這些時間與公司裡的同事閒談；晚上回家，你要煮飯，或者與朋友出去吃飯，當你又想起要讀小說時，已經該睡覺了。

每天如此，到現在，距離你想要讀那些小說的心意已經過去二年了，可是，你還是重複著以前的生活。

場景二：

小牛大學時是中文系的學生，希望自己以後能夠從事保險相關工作，決定去考一張保險經紀人資格證書。

只是，他雖然很喜歡這個職業，也能夠認真地學習相關的知

識，可是，自己畢竟不是保險相關科系的學生，要考取這個證書有一定的難度，所以他遲遲沒有去報名。

他擔心中文系畢業以後的出路比較狹窄，但是自己又考不出證件來，將來會沒有辦法轉行，現在他已經快要畢業了，他越想越覺得自己很沒用，連張證書都拿不到。

場景三：

小楊家裡有一個房間空著放雜物，小楊一直在想，如果哪天有空，就去把這個小房間收拾一下，改成一間書房。這個想法在他的腦子裡徘徊了三年，他總是不時地想起這件事，每次又因為不同的事情把這件事擠到了後面。到了現在，他還沒有收拾好那個房間。

以上三個場景是人們常常拖延的問題的實例。眾所周知，拖延不是一個好習慣，是走向成功路上的絆腳石。

有人想完美地完成一件事情，這樣就能夠獲得別人的讚美和好評，卻在不知不覺間使它變成了幾乎不可能實現的目標，等到決心要付諸行動時，才發現根本無法完成預想的第一步，於是，就把完成這件事情的想法束之高閣。只要稍加修改就能完成的目標，最後一拖再拖，結果就是不了了之。

有一些人的拖延是對挫折的承受能力比較脆弱造成的。因為害怕失敗的結果，不願意面對問題，以為逃避，一切問題就會不見，希望拖延，一切問題終會自動解決，寧可拖過一天是一天，也沒有勇氣接受挫敗。

一味拖延，不能解決任何問題，若是存有遇事只想逃避的毛

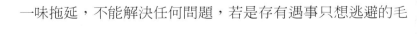

病，必須對症下藥，找出辦法：

一、正確地認識自己，並在此基礎上對自己的工作和學習能力做一個比較正確的評估。

二、加強自己抵抗挫折的能力，除了可以看一些相關的勵志書籍以外，還可以努力參加不擅長的運動，有意尋找失敗，失敗就像是預防針，打過了就不會再生同樣的病了。另外，要加強自己抵抗挫折的能力，還要努力培養積極上進的奮鬥精神。

三、停止抱怨，然後對自己進行檢視，看看問題是不是出在自己的身上，是不是把問題看得太嚴重了。

當然，有的時候，可能知道的辦法越多，卻越找不到適合自己的方法來克服拖延。

遇到這種情況，我個人的做法是，不管怎樣，馬上就去做做看。如果想考一個專業的資格證照，要想不拖延，最好的辦法就是，現在就去報名，報名後馬上拿起相關的資料開始準備，到了考試那天，就什麼也不想，只是一心一意去考試。

實際去做，比什麼都簡單。

上面的這句話裡，包含著兩層意思。第一層，做是實現理想最直接，最有效的方法，光有空想是不夠的，還要儘快付諸實踐；第二層意思則是，人應當勤奮，一勤天下無難事。

別光是想像成為主角的樣子，卻沒有更積極、具體的行動，現在就開始做吧。只有真正的努力奮鬥，才能成就輝煌人生！

演出盡全力，就是一場好戲

只有做每件事情都盡力而為，我們才能完成為自己設立的合理目標，才能實現自己的理想。

筆者一直非常喜歡《蠟筆小新》這部日本動畫片，片中描繪的生活真實又有趣，在令人捧腹一笑間，不僅能夠讓人忘掉一天的疲勞，而且還能讓人生出許多對尋常生活的不尋常感悟。

還記得其中有一集講的是這樣一個故事：小新的媽媽有一次受邀到一個朋友家裡，幫忙畫漫畫。

因為她朋友的稿件一定要在晚飯前畫完，但她又不能把只有五歲的小新獨自放在家裡，所以就帶著小新一起去朋友家。

到了朋友家後，小新的媽媽連休息也來不及，就馬上投入工作中。小新才五歲，自然不會乖乖地待在那裡不動，他一會這裡搗蛋，一會那邊作怪。

朋友實在看不下去了，就拿出一些小新特別喜歡的動感超人漫畫給他看。

漫畫的效果似乎特別好，小新總算乖乖地坐在那裡獨自看著漫畫。可是，不一會，他就看得差不多了，抬起那可愛的小臉，對媽媽說：「媽媽，我餓了。」

朋友聽完這話，肚子也開始咕嚕咕嚕直叫。小新媽媽沒有辦法，只好下樓買東西給一大一小吃。

不一會，媽媽回來了，看到小新在她桌上畫著什麼，感覺事情不妙，走近一看，小新已經在她朋友的畫稿上替許多人物畫上鬍子和眼鏡。

小新媽媽立即癱坐在地上，這時已經是下午了，再幾個小時就要交稿了。小新媽媽想，這下子可完了，朋友一定會罵她。

等到朋友趕過來，看到那些畫稿時，小新和他的媽媽一聲不吭，氣氛一下子僵住了，誰知沉默了幾秒鐘後，朋友忽然站起來說：「好了，我們現在準備去吃晚飯吧。」

媽媽不解地看著自己的朋友，朋友接下來說：「我已經盡力了，這也是沒有辦法的事情。」

每每看到此處，我總是會感受到一股莫名的感動。

在生活和工作節奏極快的今天，有多少人能夠像卡通中的人一樣，量力而行，該放下時就放下呢？

在現實生活中，我們常常不能夠量力而行。剛剛畢業，卻要自己在三年內買下市區中一層價格不菲的公寓；每天亂吃東西，卻想在一個月內減肥十公斤。很多人常常會下達不可能完成的命令給自己，而不去認真地用理性分析一下目前的狀況，使自己每天生活在無盡的焦慮中。

做事要量力而行，不要盲目地跟別人比較。會為自己定下不能完成的目標，往往是因為十分希望達到和別人一樣的成就，但這是一種盲目的比較。

盲目的比較使我們更加容易受到物慾的誘惑，增加對工作及生活的焦慮。

要想量力而行，還需要對自己有較為清楚與全面的認識，了

解自己的能力如何、生活習慣如何等等。只有對自己有較爲理性的認識，才能夠爲自己設立一個可以達到的目標。

當然，量力而行並不意味著不盡力而爲。

我們不能以量力而行作爲藉口，反而不盡力而爲。只有做每件事情都盡力而爲，我們才能完成爲自己設立的合理目標，才能實現自己的理想。

能夠持續進修，便是一種成就

遇到失敗時，我們要善於總結，從中得出經驗
和教訓，避免再次犯同樣的錯誤，如此才能使
自己一天比一天進步。

現代社會是資訊高速發展和快速傳遞的社會，我們必須不斷
學習，才不會被這個社會拋棄。

已經工作的成年人與在校讀書的學生不同，因為工作的限制，
不能在固定的時間進行固定的學習。

況且，上班族日常的工作十分辛苦，一天工作結束後，往往
希望能夠放鬆一下，所以選擇的活動多半是唱歌、混夜店。

這些活動雖然可以短時間幫助人緩解疲勞和壓力，但長期下
去，卻會使人覺得更加疲勞。所以，想要成為主角的上班族應當
選擇一些比較積極的方式放鬆，比如讀書。

書有很多種，不同的書適合不同人的休閒要求。小說可以使
我們拋卻現實的煩惱，沉浸在虛構的故事中；散文可以使我們馳
騁自己的想像力，並與作者分享美好的文字和生活經驗；哲理書
籍可以使我們更進一步地感悟人生，活得更加有智慧……

讀書有很多的方法，並不是所有的書都應當仔細閱讀。如果
不是要深入研究，小說、漫畫等書籍一般比較適合泛讀，散文及
哲理書籍則只有精讀後才能夠領略其中的意涵。

　　如果讀書並不只是為了休閒，而是希望能夠在書中學習成功的經驗，就可以讀一些名人的傳記或是有關成功學的書籍。

　　在這些書中，我們能夠學習到許多東西，比如，如何培養自己成功的素質、如何處理人際關係、如何做出完善的計劃並確立時間完成等等。另外，我們還可以從中看到許多成功人士在邁向成功的種種過程中，所遭遇到的失敗和教訓，並引以為戒。

　　當然，我們在讀書的時候，也應當持有自己的觀點，盡信書不如無書，不能成為一個書呆子。

　　劍橋大學的一位老校長曾說過：「一個聰明的讀書人，要時刻牢記一句話：『即使是聖哲的教導，也不是萬古不變的金科玉律。』」一個真正有所成就的讀書人，會吸收所讀書籍中的營養，拋棄其中的糟粕。

　　學習的最終目的，不是僅僅記住書本上的東西，而是把書本上的知識運用到日常生活中。

　　一個能成就一番事業的人，需要具備的素質和能力是多方面的，需要在長期的實踐理論中，不斷地培養和完善，不是一朝一夕就能擁有的。在學習的過程中，唯有把書本上的知識與實踐緊密地結合起來，才能真正把自己造就成為一個卓越的人。

　　除了學習書本上的知識外，我們還可以從自己的錯誤或失敗中進行學習。要想成就一項真正的事業，成為不可或缺的主角，在這過程中，遭逢錯誤和失敗在所難免。

　　遇到失敗時，我們要善於總結過往經驗，從中得出經驗和教訓，避免再次犯同樣的錯誤，如此才能使自己一天比一天進步，在不知不覺中成為人生舞台上的重要角色。

甘於從配角做起，朝主角努力

從配角做起，在開始之時就應當懷著最終一定要成為主角的想法，配角只是第一步，成為主角才應當是最終的理想。

有一位留美的電腦博士，畢業後想在美國找工作，可是，美國人才濟濟，工作不是那麼好找，電腦博士連連碰壁。無奈之下，這名博士這次應徵時沒有拿出任何一張學歷證明，竟然很快就被錄用了。

在新的公司裡，他的職務是做一名基層的程式輸入人員。這是任何一個稍有一點學歷的人都不願意做的事情，可是，這個博士並沒有因此懈怠，他用了十分的努力做好這份工作。

過了不久，老闆就注意到了這名博士的才能，因為他竟然能夠看出他所抄寫的程式中的錯誤，這是一名沒有受過相關教育的人做不到的。

在老闆問到他時，他拿出了自己的學士學位證書，老闆很高興，替他調換了一份適合本科系人做的工作。

又過了一段時間，老闆發現他在那個工作崗位上做得遊刃有餘，又能提出不少頗有價值的建議。在老闆又問到他時，他又拿出了自己的碩士學位證書，老闆又提拔了他，讓他做適合碩士做的工作。

沒過多久，老闆又發現他的專業知識十分廣博，於是再次找

他談話。這時，他才拿出他的博士學位證書。

老闆一看，馬上給他一個高薪的職位，極力重用他。因為他的老闆在日常工作中，已經認同了他的學識和他的敬業精神，知道這個人一定可為公司做出貢獻。

很多大學生一畢業就希望能夠得到重要的職位和高額的薪水，卻不想從小事做起、從配角做起，最後可能連做配角的機會都丟失了。

事實上，很多成功人士在事業開始之初都是配角，只是經過了自己的不斷努力，才最終成為主角。

提出科學原子論的道爾頓出身貧困，他的父母收入十分微薄卻要養活六個孩子。儘管生活十分艱辛，他的父母還是想盡辦法把道爾頓送到當地的教會小學。

小學時的道爾頓成績並不突出，但是他愛好思考，又具有一股學習的韌勁，不解決難題絕不罷休。

後來，經濟拮据的家庭再也交不出學費了，道爾頓只好輟學。年僅十二歲的他在一所民辦的小學裡工讀，農忙時還要受雇做農活賺錢養家。

在這種艱苦的環境中，道爾頓仍然堅持自學，沒有絲毫鬆懈。他的好學精神引起了一位名叫魯賓遜的鄉紳的注意。

魯賓遜很喜歡自然科學，還自製了一些氣象觀測儀器來觀測氣象。魯賓遜常常放棄休息的時間，為道爾頓講解數學和物理學知識，道爾頓學得十分入迷，並喜歡上了觀測氣象。魯賓遜可以說是使道爾頓走上科學道路的啟蒙老師之一，對氣象的觀測也是道爾頓科學研究的開始。

　　十五歲那年，道爾頓離開家鄉外出謀生，到了一所寄宿的初級中學裡擔任助教，這間寄宿學校是他的表兄開辦的。道爾頓一直在這間寄宿學校裡工作了十二年，期間廣泛涉獵了自然科學和社會科學的諸多著作。此外，他還詳細地研究了各種原子論，從德謨克利特的原子論到伽森狄的復興原子論，從波義耳到牛頓對原子論的各種見解等等。在這十二年裡，他讀的書比他此後五十年中讀的書還要多。

　　道爾頓還結識了與他志同道合的盲人學者約翰·豪夫。約翰·豪夫雖然在二歲時就因患天花而失明，但是他卻利用驚人的毅力學會拉丁語、希臘語和法語，還精通天文學、化學、醫學，對數學也有一定的研究。

　　在這樣一位卓越學者的鼓勵和幫助下，道爾頓不僅學會使用拉丁語等語言工具，也學到了哲學和自然科學方面的許多知識。更重要的是，他還學會了記載氣象日記。

　　此後，他開始對自然界進行系統而科學的觀察，寫了五十七年的氣象日記，從未間斷過。

　　道爾頓一生即使生活清貧也很滿足，他把大部分時間運用到科學研究等學術活動上。在長期的自學生涯裡，道爾頓總結出他的治學座右銘：「午夜方休，黎明即起。」

　　道爾頓正是以這種強烈的事業心在科學的道路上不斷探索和前進，最終創造了輝煌的科學成果。

　　一八〇三年十月二十一日，在英國曼徹斯特科學研討會上，道爾頓做了一個報告，名稱是〈關於水及其他液體對氣體的吸收作用〉。在這份報告中，道爾頓第一次提到了他的科學原子論，並宣讀了他的第一張原子量表，一八〇八年，道爾頓出版代表作《化學哲學的新體系》，書中全面闡述了他的科學原子論，這標

誌著道爾頓的科學生命進入了鼎盛時期。

道爾頓的科學原子論引起了科學界，尤其是化學界的廣泛重視。儘管當時他所測定的原子量與我們現在通用的原子量相較之下，在數值上的誤差比較大，但是，不可否認地，從道爾頓開始，人們對原子的認識開始真正建立在科學的基礎上。

英國皇家學會會長、著名化學家戴維就曾對道爾頓評價道：「原子論是當代最偉大的科學成就，道爾頓在這方面的功績可以與克卜勒在天文學方面的功績相媲美。」

有人曾經問道爾頓成功的祕訣是什麼，道爾頓這樣回答他：「如果說我比周圍的人獲得了更多成就的話，那幾乎完全是由於不懈的努力。」

道爾頓是從配角一步步做起，最終變成主角的典範之一。

從配角做起，在開始之時就應當懷著最終一定要成為主角的想法，配角只是第一步，成為主角才應當是最終的理想。

你只能當個受到主角影響的配角嗎？

易受人影響，多半因為自己沒有自信，因此，樹立自信，是擺脫他人主觀控制的關鍵之一。

作為一名配角，很容易受到主角的控制，成為主角思想上的奴僕。其實，配角不一定要凡事都遵從主角的想法，配角也可以特立獨行地遊走。

當然，並不是只要和主角的思想一致就是受主角的思想控制。只有當我們自己沒有想法或想法不成熟，並且易於受人影響時，才會被主角思想控制。

讓我們來做一個小小的測試吧，看看自己是不是易於受到他人的影響：

一、你是否經常懷疑自己沒有鎖車？

二、獨自一人在家時，你是否會感到害怕？

三、你是否總是覺得生活十分平凡，沒有事情會讓你覺得人生有驚喜？

四、你是否經常強迫自己減肥？

五、你是否常按父母的期望做事？

六、你認為把事情分給不同的同事做是必要的嗎？

七、遇到問題時，你一般都能獨立解決嗎？

八、如果你發現你的男朋友或女朋友在生活上有些小毛病，你會因為這些小問題與他（她）分手嗎？

九、你的情緒是否時好時壞，剛剛還在哭，不一會卻笑了起來？

十、你是否經常作夢？

十一、你是否特別在意別人對你身材或者衣著的看法？

十二、你喜歡在鏡子前面待很久嗎？

其中，除了第七題回答「是」得一分外，其他的題目答「否」得一分，答「是」則得○分。

回答完畢了嗎？下面是測試的答案。

八～十二分：你是十分有自信的人，有足夠的能力獨立處理日常生活和工作中遇到的一切問題。不喜歡受別人支配和控制，喜歡有自己獨立的空間和處理事情的方法。

三～七分：你是一位處理事情時多半會比較自信的人，但在有些情況下你也會被別人支配和控制。如果你去超市買東西，那麼你買的東西中總會有一些是你經常在電視上看到、做過廣告的產品。

一～二分：你是一位比較易於受人控制的人，是一個比較缺乏自信的人。你比較喜歡按照他人的要求做事情，不喜歡自己獨立思考和解決問題。

你是個易受他人影響的人嗎？如果答案是否定的，那麼恭喜你，這樣的你，即使目前只是一個配角，也會按照自己的原則做事，不會在處理問題的方法上受制於主角。

如果你的答案是肯定的，易受人影響，多半因為自己沒有自

信，不相信自己可以獨立地順利解決一個問題或完成一項任務。因此，樹立自信，是擺脫他人主觀控制的關鍵之一。

那麼，如何才能由一個不自信的人變成一個自信的人呢？

不自信的人常常特別在意別人對自己身材或穿衣打扮的看法。的確，我們應當注意保持一個健康的體態和在公共場合中適當的打扮，可是，如果在健康或適度的原則下過分注意別人對自己身材或衣著打扮的看法，就需要檢視一下自己的內心，是不是產生自卑情緒了。

每個人都有自己不同的做事方法和行動準則。

當主角的意見和自己的相反，經過多人討論後，自己的意見明顯才是正確的時候，配角應當勇敢地堅持自己的想法，如此才有成為主角的一天。

保持鎮定，你才能脫離險境

開始行動的時候，一般人都會非常專注而仔
細，但是，這樣的努力往往持續不到幾分鐘，
便慢慢地開始失去了耐性了。

每個人都有個性上的缺點，也有著視野上的盲點，遇到危險
的時候，只要你能保持鎮定，掌握這些人性的通病，就能幫助自
己脫離險境。

一八九七年，密謀策動革命的列寧，被俄國沙皇當局逮捕，
流放到西伯利亞邊區。到了西伯利亞，列寧仍不放棄革命活動，
積極地在各地運作，並和各區革命活動的參與者保持聯繫。

當然，沙皇也沒有放鬆對列寧的監視，不過機警的列寧每次
都能巧妙地擺脫險境，而這些機智表現，更加突顯了他的智慧與
勇氣。

一八九九年五月二日的晚上，沙皇的憲兵隊突然闖入了列寧
的住處進行搜索，遇上這個突如其來的搜查行動，列寧仍從容而
鎮定地將椅子遞給憲兵，讓他們有個輔助工具能站上去，方便搜
尋櫃子的頂端。

於是，憲兵們都爬上了椅子，開始仔細搜查。

剛開始，他們找得非常仔細，但是面對著一疊又一疊的統計
資料，他們看得都昏頭腦脹了起來，慢慢地也失去了耐心，一直

搜到下面幾格抽屜時，他們只是隨便地掃了掃，就不再繼續搜索了，最後扔下滿屋子的紙張卡片，一無所獲地離開。

其實，他們都沒料到，只要他們搜查得再仔細一點，就可以輕易找到他們所要的證據了。

因為，列寧最重要的秘密文件和書信，正是放在櫃子最下面的那幾個抽屜裡。

開始行動的時候，一般人都會非常專注而仔細，但是，這樣的努力往往持續不到幾分鐘，便慢慢地開始失去了耐性了。

關於這一點，列寧當然非常清楚，所以他鎮定地轉移憲兵們的注意力，讓那些士兵們開始產生「三分鐘熱度」的效應，使自己躲過這場危險的搜查行動。換個角度想，我們是否也像這些憲兵一樣，經常是三分鐘熱度？

在這個故事中，除了告訴我們保持鎮定的重要性外，另一個重點，就是做任何事都要堅持、有耐心，只要能多堅持一秒，成功就能與我們更靠近。

活在當下，使角色能量加大

只有活在當下，才可以把眼光放在你正在扮演
的角色上，更有效率地完成工作，不管是哪一
個角色，都能扮演得稱職。

「活在當下」是一句佛教用語，意思是「活在現在」。再說
得簡單一些，就是吃飯的時候想著吃飯，睡覺的時候想著睡覺。

一個在美洲旅行的人，半路遇到一隻狼。旅行者嚇壞了，沒
命的往前跑，可是沒跑幾步，卻掉進一個捕獸的陷阱裡。幸好旅
行者反應快，就在快掉下去的時候，抓住了陷阱旁邊的一根露出
地面的樹根。

就在旅行者正想著該怎麼從這麼糟糕的狀態中逃脫時，樹根
旁邊竟有一隻田鼠正在津津有味地啃食他手中的樹根。

要是這種事情讓你碰上了，你會怎麼辦？大部分的人當時一
定十分絕望，等待死亡的來臨。

可是，旅行者並沒有這樣做。因為這時，他看到了在他握著
的樹根裡，由於田鼠的啃食，滲出了幾滴像蜜一樣的液體。旅行
者把舌頭伸向那幾滴蜜露，然後，從他臉上的表情你可以看出，
那的確是甜甜的蜜。

儘管這個故事誇張一些，但是毫無疑問的，故事中的旅行者

就是「活在當下」最佳的典範。

佛教認為，人的日常生活也是一種修行。

如果一個人能在吃飯的時候想著吃飯，掃地地時候想著掃地，睡覺的時候想著睡覺，可以說他已經有一定的修為了。這種修行的方法看似簡單，但如果你試一下，就會發現事實並不如你所想的那樣。

在現在社會激烈的競爭中，人們總希望自己可以成為全能的超人，也因此，很多人在做一件事情的同時，總在積極地思考著另外一件事情。

我們總是努力讓自己成為三心二意的人，這種三心二意儘管能夠讓我們做事情更有效率，但也容易使我們焦慮，這種焦慮不僅會影響我們完成工作的程序，更會影響到我們身體的健康。

一次做一件事情，活在當下，能夠有效地克服焦慮，大大提高我們的工作效率。其實，在現代社會匆忙的腳步中，想活在當下並不是一件易事，不過，若是每天能夠有段時間沉澱自己，對活在當下是十分有益的。

瑜伽的冥想練習就是沉澱自己的一種方法。

瑜伽是現在比較流行的一種健身方式，發源於古老的印度。瑜伽的梵文詞是「yoga」，來自梵文詞根「yuj」，意思是聯合、結合，也就是個體與宇宙合一的意思，也可以理解為精神和肉體的合一。

瑜伽冥想的具體做法是首先找一間安靜而通風良好的房間，房間中有柔軟的墊子可以或坐或躺。拿下身上的一切首飾，包括結婚戒指，去掉緊束在身上的衣服，換上寬大的服裝，就可以進行練習了。

　　練習的姿勢你可以選擇舒適地坐著或躺著。如果選擇坐姿的話，最好可以採取蓮花式的坐姿，也就是把雙腳分別搭在相反的一條腿的大腿上，這種坐姿是極為穩固的一種坐姿。

　　如果你暫時還不能採取蓮花的坐姿，那也沒有關係，只要你坐在那裡，脊柱挺直，雙肩自然下垂就可以了。

　　在擺好練習的姿勢之後，就可以開始練習了。練習時可以雙眼微開，但如果你覺得那樣會分散你的注意力，就把眼睛完全閉起來。開始練習時你什麼都不要想，只是專注地傾聽周圍的聲音，不加思想地傾聽，你會聽到很多的聲音，比如小鳥的聲音。

　　不管是什麼聲音，你只是專注著聽著，不要想關於這個聲音的種種事情。

　　當你專注了幾分鐘外部的聲音後，就可以把注意力放在自己的呼吸上。中國古代有種說法，認為人的呼吸反映出人的狀態。如果你的呼吸深而長，證明你是健康的，如果你的呼吸短而急促，就需要注意保養了。

　　這種說法不無道理，進行瑜伽冥想的目的之一，就是使自己的呼吸正確而健康。

　　如果你能夠專注於自己深長而勻稱的呼吸，就可以開始進行冥想了。你可以先從頭部開始放鬆，一直放鬆到你的腳趾，你的身體因為放鬆的緣故非常地柔軟。如果你對身體的柔軟沒有概念，就可以想像一下自己就像被扔在沙發上的一雙襪子，柔軟地攤在沙發上。然後，你可以想像一個令你愉快的畫面，最好是你喜歡的自然風光，藍天碧海，不一而足。通常，這種冥想可以持續半個小時左右。

當然，上面所介紹的瑜伽冥想方法只是眾多冥想方法中的一種。其他方法，比如語音冥想法，功效也十分地好，但卻不如上述的方法簡單易行。對於初學者，還是筆者以上方法比較適當。

另外，還需提醒大家的是，瑜伽的呼吸採用的是腹式呼吸，這不同於平時常用的胸式呼吸，大家可以在練習的時候自行體會一下。

每天抽出一點時間沉澱自己，傾聽內心的聲音，你的日子就會不再只是匆忙地趕場，你過度的思慮就會停下來，你就會體驗到一種真正的寧靜，以及浸透在寧靜之中的喜樂。

這是一種能量，能夠使你適當地活在當下。

只有好好地活在當下，才可以把眼光放在你正在扮演的角色上，忽略一切艱辛，從而克服焦慮，更有效率地完成自己的工作，不管是哪一個角色，都能扮演得稱職。

與其空想，不如行動

如果你能勇敢地向有挑戰性的

工作邁出第一步，

那麼照射主角的聚光燈

就已經在不遠處的某處等待你了。

失意過，才能體會真正的快樂

當你失意過，你就會發現，自己在這些情緒中逐漸成長。並且，因為這些情緒的發生，使你更加認識到快樂的可貴。

常常聽到有的朋友抱怨，只能看著那些當主角的人表演，生活真是了無趣味，也常常看到許多年輕的生命，因為對生活一時的沮喪而放棄了自己。

這些時候我常常會想，生活真的那麼沒有趣味嗎？為什麼這許多人會對生活失去熱愛的心呢？其實，對生活是否有熱愛的心，關鍵並不在於生活本身，而在於生活著的自己。

我還清楚地記得，小的時候，某一年春天上學的路上，看到一株樹上長出了嫩綠的葉子。那是一種半透明的葉子，透過黃綠色的葉脈，能夠看到陽光。那一刻，我覺得人生真的很美好。

後來自己慢慢地長大，經歷了生活當中許多的不如意，我也失望過、沮喪過，甚至想到過放棄生活。

可是，現在我很快樂，因為我發現了自己的責任。我知道，作為子女，好好地生活著，就是對父母的責任，是任何一個人都無法代替的責任。從這個意義上來講，我，是一個獨一無二的人！

後來，我認識的一個好友，是比我更加熱愛生活的人。跟一個熱愛生活的人在一起，久而久之，也會被他的熱情感染。他的

生活過得平靜而充滿趣味，他不會爲腳踏車不見而煩惱，也不會爲偶爾的爭吵牽絆，他會逗路邊的小貓小狗玩耍，也會爲看了一部好的電影而拍手稱好。他眞誠而快樂的沉浸在生活裡，讓生活的畫面在他的面前次第展開。他是一個快樂的演員，也是一個快樂的觀眾。

有時候，父母的一聲關切，愛人的一句問候，孩子的一個微笑，或是老闆的一句讚賞，朋友的一次幫助，甚至只是陌生人的一聲道謝，都可能成爲你熱愛生活的理由。

當然，生活中並不總是充滿陽光，我也經歷過生活中失意的痛苦。而且，在那種失意中，不論是家人、朋友或同事，一切的一切，都似乎不能讓人再次熱愛生活。

在這種情況下，就正面接受自己的失意、沮喪、不安，強迫自己快樂，並不能讓自己輕易走出壞的情緒。這些情緒都是自己情緒的一部分，應當勇敢地接受，坦然地面對。

然後，當你失意過了、沮喪過了、不安過了，你就會發現，自己在這些情緒中逐漸成長。並且，因爲這些情緒的發生，使你更加認識到快樂的可貴。

熱愛生活的關鍵，就是擁有熱愛生活的心態，這是一種積極的心態。積極的心態可以使我們雖然經歷失望卻永遠不會絕望，有的時候，積極的心態甚至可以改變我們的生活模式。

有一個外國女孩子愛上了一個軍官，這個軍官也非常愛她。兩個人結婚後，軍官被調到沙漠的軍隊工作，沒有辦法，她也必須要跟著過去。

當時是夏天，沙漠裡非常炎熱，軍官必須每天到沙漠的軍隊

去。由於天氣非常惡劣，再加上與當地人語言不通，軍官的妻子只好每天待在他們的小屋子裡，時間一長，便待不住了。她寫信給她的父親，告訴父親，無論如何她都要回家，哪怕與軍官離婚。

她的父親很快回了信，信上只有短短的幾句話：有兩個囚犯同時從監獄的鐵窗往外看，一個看到了鐵窗的欄杆，另一個卻看到了星星。

軍官妻子從父親的信中得到了啓發。從那以後，在丈夫工作的時候，她開始走出自己的小屋，走到當地居民的生活圈子裡。

一開始語言不通，她就用自己的肢體語言和他們交流。慢慢地，她也學會了當地人的語言，與他們成爲了朋友。

當地居民把捨不得賣給外國人的工藝品作爲禮物送給軍官的妻子，軍官的妻子在沙漠裡活得越來越快樂。後來，軍官和他的妻子回到了自己的國家，妻子把沙漠裡的生活寫成書，取名叫做《快樂的城堡》。

由此可見，積極的心態是可以選擇的。想選擇積極的心態，過快樂充實的生活，便要先正視失意或失敗。

要知道，沒有失意或是失敗，不曾當個小配角，我們往往不能夠真正體會到快樂的意義，風雨之後的彩虹總是特別地美麗。

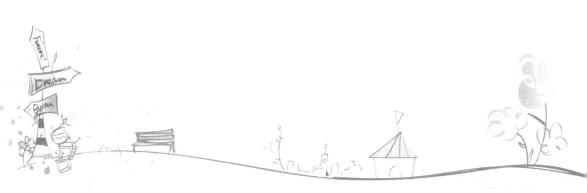

唯有知足，人生才會富足

如果只盯著自己小小的不足，便永遠都不會積極起來，只能過著缺憾的一生。唯有看到自己擁有的，才能享受富足的人生。

　　據說，某一個國王的私家花園裡發生了一件奇怪的事情，花園裡所有的樹木花朵一夜之間全部死掉了，只剩下一株小小的安心草。

　　國王十分驚異，他問安心草，園裡的樹木花朵為什麼一夜之間都死掉了呢？

　　安心草告訴國王，橡樹因為不能像松樹一樣高大挺拔，憂鬱地死掉了；松樹因為不能像葡萄一樣結許多的果實，也煩悶地死去；葡萄因為不能像牽牛花一樣結出美麗的花，傷心地死了；而牽牛花因為自己沒有丁香一樣的香氣，後來抑鬱而終。

　　「可是，」國王聽了不解地向安心草問道：「那麼你呢？你這麼弱小，沒有高大的樹幹，也沒有美麗的花朵，更沒有芬芳的香氣，你怎麼還能這麼勇敢樂觀地活著呢？」

　　安心草微笑著回答道：「因為我知道，如果國王想要一棵橡樹或是一棵松樹，就會吩咐園丁種在園子裡，如果想要一株葡萄或是牽牛花，也會把他們種在花園裡。您對我的希望，就是讓我做一株安心草而已。」

　　小小的安心草，就是因為認清自己的本分，並且十分地知足，所以它才能夠快樂地活著，我們實在應該學習安心草的這種精神。

　　知足聽起來容易，做起來卻不容易。做到知足的人有兩類，一類是天生的性格使然，另一類則是透過後天不斷有意識地學習和實踐才做得到。

　　有一個教授就屬於後一類。

　　這個教授有一句口頭禪：「事情還不算太糟」。教授不僅說說而已，他把這句話也運用到日常的工作和生活中。

　　教授帶了幾個研究生進行某項研究，每當這些學生為實驗做不出而苦惱時，教授就會走過去，拍拍他們的肩膀，說一句：「事情還不算太糟。」然後帶學生出去散散步。

　　學生們散步完，回到實驗室時，前面的失望常能一掃而空，然後繼續帶著希望進行實驗研究。

　　有一次，教授的妻子住院了，是車禍。學生一起去醫院看望師母，發現師母因為車禍而失去了一條腿。

　　一個學生的臉上現出了惋惜的神情，教授非常細心，發現了學生的表情，於是走過去，照例拍拍那個學生的肩膀，然後說：「你們師母還有另外一條腿，事情還不算太糟！」

　　我們雖然無法面對所有的事情都像故事中的教授那樣釋然，但至少，在看了他的故事後，我們會比以前更加知足一點。

　　知足了，也就不會再為了小張的房子比我的大，或是小李的成就比我高等等瑣事而煩惱不已了。

　　有一個人開了一家雜貨店，由於經營不善，最後破產了。破產後，他的日子過得十分灰暗，但在他的腦子裡，還是想著能夠

重新開始。

　　他沮喪了很長一段日子，終於有一天，他勉強自己打起精神去借些錢，以繼續雜貨店的事業。他沒有把握，不知道自己是不是能夠借到錢，只是不自信地走在借錢的路上。

　　忽然，他看到一個乞丐慢慢地移了過來。用「移」這個詞，是因為這個乞丐沒有小腿和腳，他的膝蓋以下是兩團紅紅的圓形皮肉。

　　乞丐把自己乞討的罐子往那個商人的前面伸了伸，商人尷尬地看了看他，然後對他說：「對不起，我破產了，沒有錢給你。」

　　讓他驚訝的是，這個殘疾的乞丐竟然對他笑了笑，說道：「謝謝，今天天氣真好，祝你愉快。」

　　商人聽了乞丐的話，更加驚訝了。

　　他想到了自己的破產和破產後長時間的沮喪情緒，自己真的應該早點見到這個殘疾的乞丐，早點聽到他笑著對他說的話，那麼他必能打起精神來，繼續努力。

　　商人如願地借到了錢，並回到了住處。

　　回去後，他在自己家的牆上寫下了這樣一段話：「我悶悶不樂，因為少了一雙鞋，直到我走在街上，見到有人缺少了兩條腿，還有什麼不能快樂的道理？」

　　如果只盯著自己小小的不足，便永遠都不會積極起來，只能過著缺憾的一生。唯有看到自己擁有的，才能享受富足的人生。

不要害怕磨難，正面迎接挑戰

生活中的各種打擊又算得了什麼？只要積極迎戰，一切都能克服。懷抱這樣的志氣和自信，對我們的一生非常的重要。

小龍蝦味道鮮美，許多人都喜歡吃。小龍蝦每年都要換殼，在換殼的時候，小龍蝦先褪下舊的硬殼，然後就會有一層柔軟的新殼長出來。

在這層新殼成為硬殼前，小龍蝦不是躲藏在洞裡，而是勇敢地在外面生活，不懼怕傷害。

如果我們能夠像小龍蝦一樣，任何時候都大膽迎接生活中的每一個挑戰，那麼心態怎麼會不積極呢？

我大學時的一個同學曾經去聾啞學校做過義務教師。她是一個十分有愛心的人，但是與許多人一樣，每天庸庸碌碌地生活著，活動範圍僅限於教室、宿舍、餐廳，沒有更多的理想，似乎只是為了讀書而讀書。

她覺得日子很平凡，沒有什麼起伏變化，只是偶爾會有一點點不如意，也是抱怨一下就過去了。

一次偶然的機會，為了畢業論文的寫作，她申請到一個去聾啞學校做義教的工作，在聾啞學校待了將近一個月。回來之後，朋友們都微微地感覺出她有了一點變化，是什麼變化呢，一時又

無從說起。

　　過了一段時間，大家終於知道了這個變化是什麼。以前，她從來不會管自己吃過什麼東西，也不會管自己穿什麼衣服，倘若約她一起看個電影、逛個街什麼的，總是以讀書爲由搪塞過去，但是課業也只能勉強過關。她的臉上經常毫無表情，難道她眞的那麼差嗎？我們十分不解。

　　可是自從她做義教回來後，比以前開朗多了，吃的東西也總是調理得有營養而不過量，還經常主動約我們一起去逛街和看電影。更重要的是，她的英語成績終於及格了。

　　另外，她的最後幾門專業科目考得都相當不錯，甚至有一科還考了全班的前幾名。

　　有一天晚上，我們聚在一起聊天，她才向我們吐露心聲。原來，那段做義教的時間裡，她天天跟聾啞孩子待在一起，這些孩子大多很聰明，可是因爲他們不能像正常人一樣地生活，所以少了許多機會享受生命，比如，他們不知道享受眞正的音樂，也不能享受與朋友交流的快樂。所幸，他們能夠接受正規的教育，有機會認識這些他們還不瞭解的東西。

　　她說：「我看到他們也就聯想到了我自己。我有健康的聽力和說話的能力，我知道音樂的美妙和與朋友交談的快樂，可是我從來都沒有去享受過這些快樂。我每天把自己關在自己設置的小圈子裡，儘量不跟別人接觸，害怕會受到傷害。可是，做義教的那段日子裡，我發現自己眞的錯了，不能聽、無法說的孩子們都能如此積極面對生命，能聽能說的我，又有什麼資格隱藏起自己呢？我應該更珍惜自己所擁有的，勇敢面對一切。」

　　她的話讓我們十分震撼，我們以前從沒有想到過這個問題。

　　她說得真是對極了，也好極了，她的話也引出了其他人的許多話。那一夜，每一個人都把自己擁有的東西細數了一遍。

　　從那以後，我們對生活的態度更加地積極。

　　真的非常感謝那位同學，是她讓我們發現了我們很少珍惜甚至從沒有珍惜過的東西。

　　生活中的各種打擊又算得了什麼？只要積極迎戰，一切都能克服。懷抱這樣的志氣和自信，對我們的一生非常的重要。

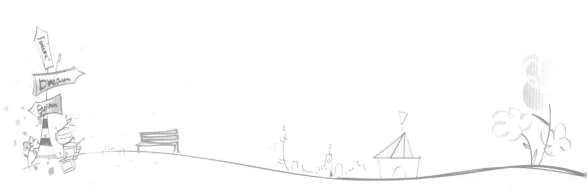

接受自己便能找回美麗

自己如果都不認同自己，別人又怎麼會接受你
和喜歡你呢？當然，並不是要欺騙自己，而是
接受自己的每一個方面。

　　有一個小女孩覺得自己長得不夠漂亮，無論在哪裡，總是喜
歡低著頭。

　　有一天，小女孩到一個飾品店裡買了一個蝴蝶髮夾。老闆幫
她把蝴蝶髮夾戴在頭上，不斷地稱讚她戴上這髮夾眞是漂亮極了。
小女孩雖然對老闆的話半信半疑，但還是非常的高興，昂著頭走
出了飾品店。

　　因爲太激動了，她在出門時與別人撞了一下都沒有在意。

　　小女孩先是遇到了她的老師，老師驚訝地看著她，對她說，
她昂起頭來眞的很漂亮。除了老師以外，小女孩一路上得到了許
多人的讚美。她心裡想，老闆的話說得對極了，這朵蝴蝶髮夾戴
在自己的頭上眞很漂亮。

　　等小女孩回到家裡，立即神氣地對她的媽媽說：「媽媽，妳
看，我戴著蝴蝶髮夾漂亮嗎？」

　　「蝴蝶髮夾？」媽媽仔細地看了看小女孩的頭上，然後說：
「妳的頭上沒有戴蝴蝶髮夾啊？」

　　小女孩急忙找來鏡子一看，她的頭上的確沒有東西。原來在
走出飾品店時，小女孩跟別人撞了一下後，她的蝴蝶髮夾就掉在

了店裡。

這個故事告訴我們，自信本身就是一種美麗。

有一部很老但卻很有名的片子，名字叫做「出水芙蓉」，講的是一個與芭蕾舞演員有關的喜劇故事。

故事中有一個片段十分有趣，教一群芭蕾舞演員練習的是一位年紀比較大的女人，她有一個非常獨特的要求，就是教她的學員每天對著鏡子對自己講這樣的話：「我有一個秘密，我長得很美，有很多人追求我。」

當時並不知道她為什麼要這樣要求她的學員，以為只是為了使電影產生搞笑的效果。但現在我明白了，這其實是在訓練演員們的自信。芭蕾舞要求每一個舞者都必須充分展現自信，這樣才是最漂亮的。

當然，並不是只有跳芭蕾舞才能培養自信的氣質。傑出的哲學家和心理學家威廉·詹姆士曾經說過：「我們這個時代最偉大的發現是，人們可以透過改變自己的內心世界，來改變他們生活的外部世界。」

想要樹立自信，也應當從我們自己的內心開始。

不自信的人總是看到自己身上不足的方，比如，身材不夠好、個子不夠高，或是工作很辛苦薪水卻很少等等。如果總是這樣想，就會使自己永遠處於一種自卑的境地，自己如果都不認同自己，不喜歡、不接受自己，那麼，別人又怎麼會接受你和喜歡你呢？

當然，接受自己並喜歡自己，並不是要欺騙自己的內心，蒙蔽自己的眼睛，而是接受自己的每一個方面。

每個人都不是完美無缺的，每個人都有自己的優點和缺點。

接受自己，就是接受自己的優點和缺點，然後找到發揚優點、克服缺點的辦法。

小小是一個大二的學生，名字雖然叫做小小，身材可不小。她的身高只有一百六，體重卻有九十六。剛上大學時，當小小把自己的名字報出來後，全班立即爆發出一陣竊笑，小小當時十分難過。

自從大學自我介紹的那一天開始，小小就十分自卑。在宿舍裡，小小總是時時小心謹慎，不敢弄出一點聲音來，唯恐驚動了別人，引起別人的不滿。在學生餐廳裡，小小更是小心翼翼，深怕接收到別人對她投來異樣的眼光，或是嘲弄的笑容。

有的時候，餐廳裡的阿姨很討厭，問也不問便直接替女生裝飯。小小想減肥，所以只要小碗飯。但小小說要小碗飯，打菜的阿姨通常會先把頭從窗口裡伸出來，然後帶著奇怪的語氣說：「小碗？」雖然沒有接著說些傷害人的話，可是對極其敏感的小小來說，那句話就已經夠傷人的了。

這件事情影響小小很久，小小每天不敢去餐廳吃飯，只好在宿舍裡用泡麵充飢。本來泡麵就有很多熱量，結果可想而知，小小不僅變得更胖，臉色也不如以前紅潤了。

小小變得更加自卑和自閉，有時候她除了上課，整天都不下樓吃飯。

幸運的是，大學二年級時，小小的宿舍裡搬進來一個外系的轉學生悠悠。她的性格十分開朗，又十分的熱心，瞭解了小小的問題後，決定幫助小小減肥。

悠悠跟小小見面後說的第一句話讓小小永生難忘，她說：「妳胖得很勻稱啊！」

　　小小從沒聽別人這樣對她說過，悠悠的話讓她感覺到一絲害羞，但又有一絲的開心，還有一絲的振奮。

　　接下來，悠悠每天都和小小一起吃飯，如果打菜的阿姨再對小小說那樣的話，悠悠就會主動上前對她說：「別人愛吃多少管得著嗎？」

　　雖然口氣有些衝，可是卻能讓小小免於下一次的尷尬。

　　另外，如果小小謹慎的做事情，悠悠就會提醒她大膽一點，沒有關係，別人不會責怪她的。

　　慢慢地，小小走路不再低著頭，也不再總是跟別人道歉，接受了自己胖的事實。同時，在悠悠的鼓勵下，小小參加學校的健身社團，每天都定時地運動，並十分注意自己的飲食。

　　一年下來，小小瘦了三十幾斤，臉色也比以前更加健康了。

　　其實，小小的改變是從接受她自己開始的。因為她不能接受自己，也就不相信自己可以透過良好的飲食習慣和定時的運動，擁有合適的體重。接受了自己，也就是自信的開始，醜小鴨終於變成美麗的天鵝。

與其空想，不如行動

 如果你能勇敢地向有挑戰性的工作邁出第一步，那麼照射主角的聚光燈就已經在不遠處的某處等待你了。

　　小戴本來決定前一天晚上早睡，第二天早上早起，然後去公園鍛鍊身體。可是因為小戴的工作做到很晚才結束，所以沒有按時早睡，睡覺時已經快一點了。小戴有預感第二天早上他一定不能早起，也一定不能去鍛鍊身體了。他非常自責，就像自己真的犯了大錯一樣。

　　小戴帶著這種自責睡覺，第二天早上，如小戴所料，果真沒能早起，也沒能鍛鍊身體。於是，他又對自己說：「我就知道我不行，我不能養成好的生活習慣，以後肯定也不能早起了。」

　　結果，當天晚上又果然與前一天晚上一樣……如此一來，就形成了一種惡性循環。

　　久而久之，小戴覺得連自己制定的計劃都做不到，別的事情肯定也做不好。最後，「如小戴所願」，果真什麼也做不好，自信就這樣丟失了。

　　小戴的問題出在哪裡呢？讓我們來幫他分析一下。

　　首先，問題應該出在小戴的計劃上。小戴雖然計劃著晚上早睡，可是小戴其實不能早睡，因為他有工作要完成。小戴一定以

為自己晚上能很快完成工作，但他並沒有早一點完成，這說明他對自己工作完成的時間估計不準，或者他對自己的要求超出了能力範圍，不能量力而為。

第二個問題是，小戴前一天晚上雖然沒能早睡，但這並不意味著第二天早上就不能早起。一般人都以為前一天如果沒早睡，第二天就一定會起得晚，如果第二天起早了，就一定會沒有精神，其實這是一種誤解。

據專家研究，健康的人偶爾一兩次熬夜對第二天並沒有太大的影響，那麼，為什麼還是會因為前一天的晚睡而覺得疲倦呢？這是刻板印象造成的，換句話說，這些都是想像出來的。

你可以試驗一下，選一個晚上晚一些睡，第二天早上起床後，就當做自己前一天不曾晚睡一樣，或者告訴自己今天真的很有精神，那麼你一定會非常有精神地做事情。

人的觀念是非常重要的。

有一句話是這樣說的：「你想成為什麼樣的人，就能夠成為什麼樣的人。」這句話不無道理。

例子裡的小戴總是責備自己，灌輸消極的觀念，暗示自己無法成為一個生活健康的人，於是，他就真的成了一個生活方式不太健康的人。

從某種意義上講，自責也是一種消極的自我暗示。

因此，我們應當停止自責，向自己進行積極的暗示，比如，可以每天晚上睡覺前對自己說：「我一定可以睡個好覺，明天早上我一定能夠早起。」或是在早上起床後對自己說：「我今天的狀態很好，我一定能夠勝任最艱鉅的任務。」等等。

這樣堅持做下去的話，就會形成良性的循環，就真的可以成

為一個生活健康、精力充沛、工作能力強的人。

　　曾經有人對我說：「其實你講的這些道理我是明白的，可是，一旦真的要去做了，我還是有點害怕，不知道自己萬一做不好該怎麼辦。」

　　他的問題也是缺乏自信者身上普遍存在的一個問題，這是一種對改變的畏懼心理。

　　畏懼心理的產生一般是因為自己對要做的事情想得比實際做得多。比如，缺乏自信的人想接受一些更有挑戰力的工作，卻不立即著手進行，只會先想到：「這個工作如果我做不好怎麼辦呢？也許我會因此而失去老闆的信任，甚至會因此而失業。如果我失業了，那麼我怎麼樣去賺錢養家呢？現在每年畢業的大學生這麼多，競爭這麼激烈，我這把年紀了，怎麼去跟剛畢業的小夥子競爭啊！」

　　想到這裡，他一定沒有勇氣接受有挑戰的工作了。因為沒能做想做的工作，他又會開始自責，覺得自己的確沒有能力完成有挑戰性的工作。長此以往，他就會越來越沒自信。

　　重要的並不是你想的是否周全，在於你是否放開腳步去做，實踐是最重要的。如果你決定要接受有挑戰性的工作，最好的辦法就是從你想的那一刻就開始投入，不要怕犯錯誤。

　　即使會犯錯誤又怎樣呢？錯誤本身就是成功的必經之路。如果你能勇敢地向有挑戰性的、不同於以往的工作邁出第一步，那麼照射主角的聚光燈就已經在不遠處的某處等待你了。

生活要積極，必須靠自己

要想擁有積極的自我心理暗示，可以用「今天過得真是充實啊！」代替那句「今天真是累死了！」

工作了一整天以後，你是否常常回到家裡，把衣服鞋子脫下來，然後靠在沙發上，嘴裡嘟囔一句：「今天真是累死了！」

或是有一天，早上起床後，你打碎了水杯，出門後又沒趕上公車，因此上班也就遲到了，更糟糕的是，你昨天連夜趕好的企劃書，被老闆半個小時以內全盤否決。回家後，因為心情不好，你就對著家人發脾氣，另一半覺得莫名其妙，於是跟你大吵一架，摔門而去。

這時候，你可能會大罵：「我今天真他媽的倒楣！」

對自己說「累死了」或是「今天真倒楣」，這些話其實都是一些消極的習慣用語。如果經常使用這些消極的習慣用語，大腦就會認為這是真的，慢慢地，你就會覺得工作真的很累，或是自己總是倒楣。

有句話說得好：「你腦中想些什麼，你的身體就會表現出什麼。」

要想擁有積極的自我心理暗示，就要有意識地少用或不用消極的自我心理暗示。

比如，同樣是工作了一整天，同樣是回家後靠在自己的沙發上，但是你可以用「今天過得真是充實啊！」代替那句「今天真是累死了！」

在你一整天做事情都不太順利時，你可以告訴自己，這是老天的考驗。

亞聖孟子曾說：「天將降大任於斯人也，必先苦其心志，勞其筋骨，空乏其身，行拂亂其所為，所以動心忍性，增益其所不能。」以此自勉，便能為自己注入新的力量。

如果你總是覺得自己要感冒了，就會真的感冒。你可以在有這種想法時，在家裡或者找個空氣好的地方運動一下，同時對自己說：「我運動了，抵抗力提高，就不會感冒了！」

積極的自我心理暗示現在越來越受到國內外一些企業的青睞。我們經常可以看到，每天清晨，某些商店裡全部的工作人員集合在一起，然後拍拍自己的手，鼓舞自己的精神，對自己說：「我今天的狀態很好，工作必將做得很出色！」這樣一講，往往一整天都會幹勁十足。

如此一來，又有什麼工作做不好呢？

相信專家，小心變成輸家

別再盲目地聽信「專家」的意見了，否則你很
容易變成輸家。唯有經過思考和判斷，才能真
正的付出行動。

即使最傑出的天才人物，在某些領域中仍舊是寸步難行、愚
昧無知的，因此，不要盲目迷信專家的說法。

一個人如果不曾仔細觀察，就不會有深刻的理解，自然也就
不會有正確的行動。

美國有位心理學家曾經做過一個實驗。

開課前，他介紹一位化學家，說是要來和同學們一起研究一
個新實驗，他說：「這位就是世界知名的化學家史密特先生，你
們今天要配合他做一個試驗。」接著，這位史密特先生用德語向
學生講解，而由那位教師當翻譯。

史密特說，他正在研究某種新發現物質的性能，因爲這種物
質擴散得非常快，人們才聞到它的氣味，就立刻消散了，氣味並
不持久。但是，一些較過敏的人，在聞到這種氣味後會有輕微的
反應，諸如頭暈、噁心……等情況，不過這些症狀很快就會消失，
並不會有任何副作用。

史密特說完後，便從皮包裡拿出一個密封的玻璃試管，他說：
「現在，只要一打開試管，這種物質便會立即散發出來，你們很
快就會聞到氣味了，一聞到氣味的人，請立即舉起手來。」

　　只見他打開了試管，不一會兒工夫，從第一排到最後一排的學生全都舉起手來，甚至還有人說有自己頭暈的現象。

　　當實驗結束後，沒想到老師卻對學生們說，所謂具有強烈刺激氣味的物質，其實只不過是普通的蒸餾水而已，至於那位「史密特」先生，也只是該校的一位德語教師，根本不是什麼世界著名的化學家。

　　從這個實驗中，我們可以獲得一個訊息，那就是人們太過迷信專家了。一遇到專家，就習慣以他們的說詞作爲依據，造成行爲上的盲從，讓自己失去客觀的判斷能力，因此才會被週遭的小人騙得團團轉。

　　你是不是也習慣當個應聲蟲呢？或是只會人云亦云，一點自主思考和判斷的能力都沒有？

　　別再盲目地聽信「專家」的意見了，否則你很容易變成輸家。

　　就算頭銜再多，名聲再響亮，貨眞價實的專家也會有出錯的時候，更何況是那些冒牌的專家呢？唯有經過思考和判斷，才能眞正的付出行動。

PART 7

一旦放棄，
便錯失當主角的良機

想當一個受人矚目又禁得起時間考驗的主角，

就絕對不能輕言放棄。

不曾歷經種種磨難的配角，不可能成為主角。

想當主角，唯有自己是依靠

為成功奮鬥的人大多數都是孤獨的，在孤獨
中，只有自己為自己打氣，才能度過一個個難
關，到達成功的彼岸。

出身貧寒的美國青年查理‧華德中學畢業就成了無業遊民，
跟著一幫狐群狗黨學會了賭博、偷竊、搶劫等惡事，三十四歲時
因走私毒品被捕，開始了他的獄中生涯。

剛剛進入監獄的查理‧華德當然無法安心服刑，時時刻刻都
在思考著如何伺機越獄。

後來，他漸漸改變了看法，認識到自己曾經犯下的罪過，決
心痛改前非，重新做人。他告訴自己，要把心態從消極調適到積
極的狀態，使自己在獄中的生活過得愉快美好。

他思考一些問題，並試著從書籍中尋找答案。他開始閱讀《聖
經》，從中獲得不少鼓勵和指引，這個習慣一直保持到七十三歲，
從未間斷。

接下來，他想學一門技藝。

有個在電廠服刑的模範犯人即將假釋出獄，查理非常想接替
他做這份工作。因為沒有一點電工的知識基礎，他從監獄圖書館
借來大量電學書籍，如飢似渴地研讀，又和那位模範犯人一同探
討工作經驗和心得。

三個月之後，由於他的態度誠懇，又有較為紮實的理論基礎，

如願以償得到這份工作。

成為監獄電廠的管理員之後，查理繼續保持積極開朗的心態，帶著一百五十名犯人，不僅不斷提高自己的專業技能，還幫助很多獄友擺脫了消極的心態，遠離痛苦和絕望，用積極樂觀的心態對待獄中生活，堅強面對人生。

在這段時間裡，布朗·比基羅公司總裁比基羅因為逃漏稅被判刑，進入了查理所在的監獄。查理友善地對待他，帶領他走出了陰影，適應獄中的環境。比基羅十分感激，刑滿出獄時邀請查理出獄後去他的公司工作。

查理出獄後果然在比基羅公司找到了適合的工作。他努力使自己在兩個月內成為工頭，一年後成為了主管，再後來，一直升到副總裁兼總經理，並在比基羅死後坐上了總裁的位置。

查理從未忘記自己曾經是個犯人，為了提醒自己，他甚至戴著一個手鐲，上面刻著他在獄中的編號。

他還聘用了五百多名刑滿的犯人，帶領他們把公司的年銷售額從不足三百萬美元提升到五千萬美元以上。他擔任比基羅公司總裁直至去世。

哭泣、絕望，都不能改變現實，只有面對並適應自己所處的環境，用積極的心態去看待，堅強勇敢地去改變，讓生活不僅在自己眼裡變得美好，也讓周圍的人感覺到溫暖，看到幸福和希望。

有一首歌〈想哭就到我懷裡哭〉，歌詞寫得很好、很感人，可是，卻不是非常現實。因為，在現實生活中，當我們碰到困難、當我們進退維谷，不知如何面對，往往找不到那個可以讓我們靠著哭泣的溫暖懷抱。

更多的時候，我們需要獨自一人面對困難，我們需要拿出勇

氣，用力地反擊困難，反擊壞情緒。

曾經有一個外國人獨自橫渡海洋，目的就是看一看在身處絕
境裡，自己的身體和意志哪一個會先崩潰。

結果他發現，在他處於海洋中的困境時，先發生問題的是自
己的意志。

於是，每當這種困境發生時，他就會對自己說：「你絕不能
做一個懦夫，你要成為一名勇士，你一定能夠度過難關！」

就憑著在困境時對自己的鼓勵，他竟然完成了橫渡海洋的壯
舉，創造了讓人難以置信的奇蹟。

為成功奮鬥的人大多數都是孤獨的，在孤獨中，只有自己為
自己打氣，才能度過一個個難關，到達成功的彼岸。

用希望取代絕望

時間能夠治癒一切。不過，在時間流逝的過程裡，還應當懷抱著希望，只有這樣，才能夠順利地走出絕望的壞心情。

我們的心態與身體的關係十分奇妙，如果抱著希望，絕症也會低頭。

卡爾・賽蒙頓是美國的一名著名的抗癌醫生，他的專長在於對晚期癌症患者的醫療和照顧。

有一次，賽蒙頓醫生遇到一個病人。他六十一歲，因為身患癌症，精神狀態又十分不好，總是處於絕望的狀態之中，他的癌細胞最終發生了擴散。

癌細胞的擴散使他無法進食，體重大幅下降。

賽蒙頓醫生發現這位患者的精神狀況不是太好，於是用莊重而不沉重的語氣，堅定地告訴這個病人，他是全市最好的抗癌醫生，診治過許多癌症患者，有許多人的情況跟他差不多，但至今仍有百分之八十的人健在。另外，他還告訴病人，他不是孤獨的，他會跟他一起對抗惡疾。

賽蒙頓醫生的話，讓萎靡的患者精神為之一振。

賽蒙頓醫生每天將治療的詳細進度全部告知病人，詳細講述以他為首的醫療小組治療的基本情況，以及患者體內對於各種治

療的主要反應。

這使得病人對自己的病情能夠有較為充分的瞭解，這種做法也促進了患者與醫生之間的關係，有利進一步開展治療。

另外，賽蒙頓醫生還教病人充分運用自己的想像力來對抗體內的癌細胞，想像體內的白血球是一支非常強大的部隊，雖然癌細胞十分頑固，但是白血球大軍必將戰勝癌細胞，取得勝利。

幾個星期以後，醫療小組果然抑制住了那個病人體內癌細胞的破壞性，幫助病人戰勝了癌症，他的身體日漸康復，精神更是越來越好。

對於這個結果，賽蒙頓醫生本人一點也不驚訝。

絕望和希望都是神給人的禮物。

希臘神話裡有一則潘朵拉的故事，講的是神普羅米修斯用泥土創造了人類，可是，人類沒有火，日子過得很不好。天神宙斯掌管著火，他為普羅米修斯造人的事情十分不愉快，所以不願意把火種給人類，普羅米修斯就決定自己去天上盜取火種。

結果普羅米修斯得到了火種，把火種給了人類，人類的生活好從此開始好轉，日子過得越來越舒適。

宙斯知道這件事後十分生氣，後來又因為在與人類分祭品時，普羅米修斯總是把最好的部分給人類享用，宙斯再也按捺不住他的怒火了。

宙斯決定把壞的情緒、災難和瘟疫等等不好的東西傳給人類。他叫火神造了一個女子，取名叫潘朵拉，潘朵拉的意思就是一切都很完美，並吩咐眾神賜予潘朵拉美貌和溫柔的性格以及其他美好的特質。

最後，宙斯交給潘朵拉一個盒子，告訴她只有和丈夫結婚後

才可以打開它，她的丈夫，就是宙斯已經選好的普羅米修斯。這個盒子中的秘密，宙斯並沒告訴她是什麼。

潘朵拉帶著她的盒子去找普羅米修斯。

普羅米修斯知道潘朵拉是宙斯的作品，宙斯讓潘朵拉來一定沒有什麼好事，因此總是躲著潘朵拉，並且告誡他的弟弟也不要上當。

可是，他的弟弟覺得潘朵拉如此美麗溫柔，絕不可能帶著什麼陰謀，很快地，他就被她俘虜，他們結婚了。

婚後，潘朵拉一直沒有打開那個盒子，直到有一天，普羅米修斯的弟弟要求打開它，看一下裡面到底是什麼。

潘朵拉想起宙斯神說過，只要結了婚，就可以打開盒子，於是，他們就依宙斯所說打開了它。

打開盒子的一瞬間，一股黑氣騰空而起，剎那間，嫉妒、憤怒這些壞情緒和災難、瘟疫一起被放出了盒子。

潘朵拉和丈夫都被嚇壞了，他們趕緊把盒子的蓋子蓋好，但是卻把宙斯神給人類的希望牢牢地關在盒子的底端。

這則故事告訴我們，希望是多麼難能可貴的東西。如果找到了希望，就能夠克服遇到的不幸和困難，有時候，甚至可以挽救人的生命。

一個病房裡住著兩個病人，兩人都病得很嚴重了。其中一個比較絕望，他告訴病友他覺得自己的病是治不好了。病友鼓勵他一定要有信心和希望，他一定可以恢復健康。

病友說：「你看，我們窗外的牆壁上有一片綠葉，在這種環境下，小小的綠葉都可以生存，何況我們呢？」

後來，這個深度鼓舞的病人快要康復之時才知道，牆上的這片綠葉，其實他的病友畫的。

在處於極端困難的環境或是重大的不幸中時，人往往比較容易產生絕望的情緒。面對這種情緒，首先可以想到的，就是「時間」這個處方了。

時間能夠治癒一切。

絕望時，可以把絕望暫且放在一邊，經過一段時間後，再回過頭看看自己，就會發現絕望情緒已經過去了。

不過，有的時候，光靠時間也許並不能夠使每個人的絕望都消失。因此，在時間流逝的過程裡，我們還應當懷抱著希望，只有這樣，才能夠順利地走出絕望的壞心情。

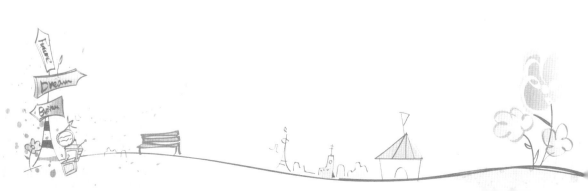

享受配角的孤寂，好沉靜心靈

 適當的孤寂可以讓人沉靜下來，仔細考慮自己的工作和生活，才能更加清楚地看到自己人生的方向。

當主角的身旁鮮花簇擁、掌聲雷動之時，配角常常是寂寞孤獨的。

寂寞孤獨不是一件壞事，很多有成就的人在成功前都是寂寞孤獨的。例如，愛因斯坦總是獨自思考他的理論，比爾‧蓋茲每年有五天一定要找個地方把自己關起來，獨自享受孤獨。

寂寞孤獨並不可怕，只要把它視做一種享受，而不是一種苦難。把孤寂當作一種享受，首先，要對孤寂有個正確的認識。靜下心來想一想，身為配角，雖然沒有主角身旁的鮮花和掌聲，可是，這也減小了可能由此帶來的浮躁和自負的情緒。

適當的孤寂可以讓人沉靜下來，仔細考慮自己的工作和生活，才能更加清楚地看到自己人生的方向。

等到一旦成功，成為了主角，可能連享受片刻的孤寂也會變得萬分奢侈。因此，配角的孤寂不是可怕的，而是十分可貴的。既然如此，又有什麼理由不去好好享受它呢？

你可以用不同的方法享受孤寂，一個人處在孤寂中時，可以做的事情有很多。你可以拼命工作，也可以讀些優秀的小說，或者看些勵志書籍，還可以到空氣清新的公園裡散散步……

孤寂時，我喜歡一個人去爬山，一邊呼吸著新鮮的空氣，一邊聽著山間的小鳥唱歌。等爬到了山頂，除了可以一覽群山美景外，還有一種經過努力爬上山頂後的成就感。

除了爬山，有時候我也會去旅行，到不同的地方，領略不同的風土人情，不僅可以開始開拓視野，更能整理思緒。

記得有一次，去浙江淳安縣的千島湖。當時已經是傍晚時分，岸上升起了裊裊炊煙。我坐在遊湖的船頭上，迎著吹面而來的輕風，看著船破水前進，感覺自己進入了一種十分安靜的狀態。

此時，所有的不安，所有的悵惘，一瞬間都煙消雲散了，整個世界都變成了安靜而快樂的淨土。

佛教的打坐中講究入定，我雖然沒有高僧的修行，可是，那一瞬間，我也領略到了一點入定的快樂。

不過，我雖然提倡要享受孤寂，可是並不提倡離群索居，這是兩個不同的概念，應當明確地區分開來。

一個人如果爲了享受孤寂而離群索居，除非他是因爲特殊的宗教信仰，否則就要去心理醫生那裡諮詢一下了。

孤寂的時候也可以找來知己一、二個人，一杯清茶，一盤棋子，無需講話，只在棋盤上進行默默的交流。

或者，什麼也不做，只是靜靜地坐著，一起看看天空，聽聽鳥鳴，一起享受孤寂，又何嘗不可呢？

享受孤寂，不等於習慣孤寂，享受是主動的，習慣是被迫的。面對孤寂，我們應當把主動權握在自己的手中。

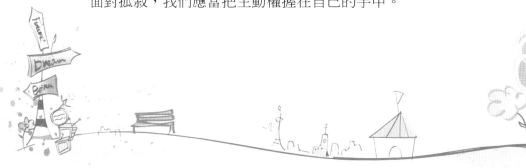

一旦放棄，便錯失當主角的良機

 想當一個受人矚目又禁得起時間考驗的主角，就絕對不能輕言放棄。不曾歷經種種磨難的配角，不可能成為主角。

在困境中，只要能夠咬緊牙關堅持，不開口說放棄，成為主角的機會就可能出現在我們的面前。

記得很久以前看到過一個故事，講的是兩個美洲的小男孩在放牛時發現了一個廢棄的礦井。

出於好奇，他們做好了兩個火把，準備到礦井裡面探險。進入礦井時十分順利，這讓他們很高興，但是後來，他們就再也高興不起來了，這個礦井裡面像是迷宮一般，不僅難以找到出口，就連來時的入口也找不到了。發現這一點後，他們兩個人驚慌失措，只能在礦井裡面亂走一氣……

三天以後，大人們在離礦井出口五十公尺左右的地方發現了兩個小男孩的屍體。

經過醫生的檢查，他們兩個人並不是被餓死或者是悶死的，他們的體力狀況可以支持著他們走完那五十公尺——他們是被恐懼給殺死的。

很久以前，有外國的心理學家曾經用監獄裡臨刑的囚犯做實

驗，看看恐懼的心理對人究竟有什麼影響。

他們把一個判了絞刑的囚犯的雙手從背後綁起來，並用一塊布把他的眼睛蒙上。然後，用一個尖銳的東西輕輕地劃了一下囚犯的手腕，同時用準備好了的器具讓水發出滴答滴答，類似血液流淌的聲音。

結果，那個囚犯先是微微發抖，過了一會兒便死去了。

事實上，他的手腕僅僅是被割了一下，並沒有劃破手腕上的大動脈。

這兩個故事告訴我們同一個道理，就是輕言放棄的害處。兩個小孩如果能夠相信自己，堅持繼續走下去，生命就可以保住。同樣的，要是那個囚犯能夠堅持住，冷靜地感受一下手腕的割傷，也不至於恐懼而死。

其實，不僅生死相關的問題是這樣，平時我們所做的工作，所要完成的理想也是如此，成敗往往就在於是否堅持到了最後。

我很喜歡一句話，叫做「堅持到最後就是勝利」。有的時候，成功需要的是一段時間的堅持。

《紅樓夢》是一部膾炙人口的古典小說，內容豐富，醫藥、建築、飲食和服飾等等方面都極為考究。國內有專門研究《紅樓夢》的學術流派，稱為「紅學」，也有聲稱每讀一遍都有新收穫的「紅迷」。

可是，你可能不知道，一部《紅樓夢》花費了曹雪芹十年的時間。那段期間，他面臨的最大問題，就是經濟的匱乏。在食不果腹的情況下，他依然沒有放棄，這部著作才會成為現今的瑰寶。

　　現在的社會變得越來越浮躁，人們也變得越來越不踏實，似乎再也無法花太多的時間等待成功。總是希望今天種下的種子，明天，甚至今天晚上就長成參天大樹。可是，這可能嗎？

　　人們白天也想，晚上也想，想著如何一夜成功。最後，成功沒有找來，失眠和其他的身體問題卻滾滾而來！這是對想急速成功的人最大的教訓。

　　古人曾經說過：事業常成於堅忍，毀於急躁。我們早該在成功的時間問題上有所醒悟了！

　　不過，幸好社會中還有許多肯踏踏實實地做事，不輕言放棄而成功的人。有成功的推銷員，因為不斷地摸索推銷的經驗，使自己的銷售業績居公司首位；也有成功的作家，花幾年的時間，完成一部不朽的小說，給世人帶來娛樂的同時，也讓人思考人性和社會；還有許多成功的學者，每天辛苦地泡在實驗室裡，取得一項項能夠造福人類的研究成果……

　　想當一個受人矚目又禁得起時間考驗的主角，就絕對不能輕言放棄。不曾歷經種種磨難的配角，不可能成為主角。

不自負，將有更廣的出路

人應當對自我有正確的認識，既不自卑，也不自負。這不僅需要自我反省，還需要透過與他人的交往，正確認識自己。

　　小李是專攻人文地理的研究生，即將面臨就業問題。

　　小李在研究生期間是一個非常認眞的學生，不僅發表了兩三篇的論文，還利用課餘時間自學德語。雖然小李有意繼續從事科學研究工作，可是，畢竟相關的科研機構是比較少的，小李決定先找一份教德語的工作。

　　不過，在小李找德語教學工作的過程中，遇過這樣一個問題：有些學校需要德語老師，可是，在招聘簡章後面，往往附上一些學歷要求的說明，比如要求德語專業本科或是研究生等等。

　　小李的德語的確不錯，比德語本科系的學生還要好一些，可是卻沒有考過什麼證書，沒有東西能夠證明他的德語水準，小李一直覺得，只要有眞功夫，有沒有證書是沒有什麼關係的。

　　儘管困難重重，小李還是沒有放棄。因爲他覺得自己的確有教授德語的能力。

　　他繼續不厭其煩地打電話給用人單位，誠懇地告訴徵人單位，自己可以先試教，然後再請徵人單位定奪。

　　皇天不負有心人，不久，小李就接到一家徵人單位的回函，要他去參加試講。試講後，徵人單位對小李十分滿意，很快就簽

定了就業合約。

　　雖然我不非常提倡小李的這種不考證照的做法，如果你真的有這個能力，考個證書來證明一下又有什麼關係呢？但是，從小李身上還是能夠學習到一些可貴的特質，比如，看重自己、相信自己，尤其是在困難重重，成功似乎遙遙無期的時候。

　　當然，看重自己、相信自己並不等於盲目自大。有些人過度自信，總覺得自己什麼都行，平時做事情時目空一切，從來聽不進親朋好友的勸說，一意孤行。這種人在就學、工作和生活中往往極容易失敗和受到傷害。

　　人應當對自我有正確的認識，既不自卑，也不自負。這不僅需要有意識地觀察自己和自我反省，還需要透過與他人的交往，正確認識自己。

　　有句話說得好：「朋友是自己的一鏡子。」

　　其實，何只是朋友，你的家人、同學、老師、同事等等都可以做你的鏡子。透過別人對你的態度和情感，往往可以從另外一些側面更加客觀地認識自己。

　　要想多從不同的角度認識自己，就需要積極地參加集體活動，主動與人交往，擴大自己的社交圈，為未來的人生做好準備。

配角也要有自我，才能享受生活

配角不能只依賴主角過生活，配角也必須要有
自己獨立的生活，只有這樣，才能夠像主角一
樣，創造一片自己的天空。

　　小雅原是國內某知名大學中文系的高材生。大學四年級時，
參加系上與出版社合辦的聯誼活動認識了現在的丈夫王子。王子
比小雅大十二歲，當時已經是一家知名出版社的總編輯了。

　　小雅本來就是那種不太說話的女孩子，平時跟同學極少交流，
在陌生人眾多的活動中，更難主動與人互動。而王子恰恰相反，
是那種十分活躍的人，性格特別地開朗。

　　在小雅一個人安靜地坐在小小的角落裡的時候，王子走了過
來，不知怎的，向來不說話的小雅跟王子卻有說不完的話。

　　小雅畢業後，他們結婚了。

　　王子的母親沒有工作，一直在家裡做全職主婦，她也希望小
雅不要出去工作，在家裡做全職太太。

　　開始時小雅也有些不太習慣，但是，人是有惰性的，慢慢地，
當她習慣了早上晚起，然後逛街、買菜，再悠閒地回家作飯的日
子以後，就不再嚮往每天朝九晚五的工作了。

　　王子雖然是總編輯，應酬也很多，可是，他卻每天都保證有
一餐是在家裡或是在外面和小雅一起吃，他還經常買一些健身卡
和美容卡什麼的給小雅，要小雅沒事情的時候去做做身體和皮膚

的保養。

另外，王子還跟小雅說，他們先不要孩子，享受一下甜蜜的二人世界。

小雅每天過得十分清閒，她不用爲生計到處奔波，不用爲孩子操心，也不用對丈夫猜忌。她的皮膚越來越光滑白皙，她的衣著越來越時髦亮麗，她的身材越來越凹凸有致。可是，她的眼光卻越來越縹緲，心靈越來越空洞。

慢慢地，每天等王子下班，成爲她唯一用心做的事情。她對王子越來越依賴，希望能天天黏在王子身邊，甚至有時候，只要王子下班後晚回家幾分鐘，她都會花一兩個小時的時間不斷追問王子原因。

王子也發現小雅的問題，開誠佈公地與小雅談了幾次，他知道小雅現在的狀況是失去了自我，而讓小雅失去自我的不是別人，是他自己。

王子非常自責，他愛小雅，想讓小雅幸福，可是，這種失去自我的生活模式卻讓小雅越來越不開心！

儘管沉浸在愛情和親情的依戀中有時是非常幸福的，可是，如果一個人失去了自我，僅僅依靠愛情和親情中的依戀而活著，那就非常可悲了，有時候甚至會有危險。

失去自我所產生的問題也常發生在退休人員身上。

一個人退休之後，如果沒有自己的興趣和愛好，只是天天待在家裡，等著老伴或者孩子告訴自己該做什麼事，那麼遲早，他會或多或少出現一些憂鬱的症狀。

如果症狀的出現仍然得不到重視，那麼就會導致更爲嚴重的後果。

　　無論是小雅或是退休的老人，他們在家庭中實際上是處於一種配角的地位，而且心態消極，不想改變自己。

　　或許在現實生活中，你只是配角，但是配角不能只依賴主角過生活，配角也必須要有自己獨立的生活，只有這樣，才能夠像主角一樣，創造一片自己的天空。

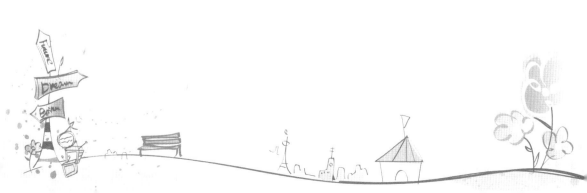

主角都是從配角做起

如果我們是配角，要學會尋找一種支撐自己的信念，一些讓自己堅持、忍耐的勇氣和力量，一份發自內心的自信。

凡是在舞台上發光發熱的主角，一開始通常都是從沒沒無聞的配角做起。

每個人心中都有成為主角的憧憬，但是，未能如願以償之時，千萬不要排斥當一片襯托紅花的綠葉；機會尚未降臨之時，千萬別不屑做一名在主角旁邊跑龍套的小配角。因為，只要你能演好「綠葉」的配角角色，有朝一日才能成為萬眾矚目的主角。

在某一屆奧斯卡頒獎晚會上，最佳女配角捧著小金人說：「做配角的感覺真好！」這句話，感動了所有做過配角的人，也激勵了日常生活中，總是身為配角的我們。

不是所有人都能當主角，電影中如此，工作中如此，生活中亦然。我們沒必要擠破頭去爭得一個「女主角」或者「男主角」的名分和榮耀，生活中並沒有「主角一定比配角好」的真理。

身為配角，沒有「高處不勝寒」的孤寂，沒有檯面上迎來送往的倦怠，反而多出一段可供超越追趕的距離，多出一份積極充實的成就感，也多出一份輕裝上陣的坦然與閒散。

所以，當我們的定位是配角時，用不著抱怨、自卑，用不著

哭泣、絕望，我們應當為自己吶喊助威，為自己擊掌叫好！

當然，不盲目追逐主角，並不代表要安於配角現狀。

身為配角，要有問鼎奧斯卡最佳配角獎項的夢想，不要讓自己淪為可有可無的路人甲。

做一名優秀的配角，絕不比演好主角容易。

香港演員黃秋生曾對「如何才是最佳配角」做過一次經典的詮釋：「應該是有能力演好主角的人來演配角。」

大多數主角，都是從配角做起的。

他們經歷了沒沒無聞的時代，用心地做好了配角，才能一步一步走到今天的耀眼。體驗過配角的舉輕若重，才會更了解主角的舉重若輕。

與主角相比，配角需要更多的耐心、謙虛、協作精神、犧牲奉獻精神，以及一顆平和寧靜的心。

如果我們是配角，我們要學會尋找一種支撐自己的信念，一些讓自己堅持、忍耐的勇氣和力量，一份發自內心的自信。然後，去喚醒在身體裡沉睡多年的潛能，清點深藏內心的珍貴寶藏，發出渴望已久的真實聲音。

這時，我們會發現，做配角，原來真的可以如此美好。

我們扮演配角的時候，就要做最好的配角。

不管能不能成為主角，我們都要不斷努力，都要看得清自己的方向。

《唐吉訶德》的作者塞萬提斯曾經說道：「人應該了解自己，而了解自己也是世界上最困難的課題。」

想要成為夢想中的主角，首先必須正確地認識自己，明瞭自

己的優缺點，並且設定追尋的目標，對自己充滿信心，不斷努力向前邁進，無論遭遇什麼困難都不輕言放棄，才會有美夢成真的一天。

想在擅長的領域成為人人稱羨的主角，也必須客觀地評估自己是否有當主角的本事和才能，如果目前還沒有能力當主角，那麼就必須老老實實地從配角開始做起，努力學習，努力充實自己，在失意時為自己加油打氣，在困境中等待出人頭地的契機。

先演好配角的角色，自然能讓自己一天比一天出色。

不曾經歷種種磨難的配角，就不可能蛻變為受人矚目的主角；只要發揮自己的潛力，不斷超越自己，最後一定能創造傲人的奇蹟。

PART 8

只要不放棄，
小人物也能創造傳奇

當我們下定決心開始追逐夢想時，

所能做的就是從自身所處的環境出發，

利用有利條件，

完成這個偉大的使命。

善用每一分鐘，便先一步邁向成功

與其浪費時間考慮無聊的瑣事，還不如馬上行動。一分鐘的時間可以做許多事情，可以改變許多事情。

「在今天和明天之間，有一段很長的時間。趁你還有精神的時候，學習迅速辦事。」你知道歌德這句話的內涵嗎？

時間就是金錢？時間等於效率？剎那就是永恆？也許不同的人有不同的態度和看法。比較客觀的講法是，時間既不是世俗的金錢、功利的效率，也不是抽象的永恆，時間對每個人都是一個常數，只存在於有限的生命裡。

古巴比倫人用沙漏記錄時間，看來古人已經很早意識到時間的存在，可是任何人都無法將時間留住。時間就是生命的河流，每時每刻都在流動。

有一句西方諺語說：「Time and tide wait for no man！」

是的，歲月不饒人！我們無法延長生命的長度，但是可以拓展生命的寬度。生命有限，人生短暫，我們要努力奮鬥，讓自己的人生多姿多彩，讓自己的夢想成為現實。

生命的確是有限的，我們只能從精神的角度將它延展，在有限的時間內做出一些有意義的事，然後在過程中獲得一種心靈的富足。

　　「一個人的一生只有三天──昨天、今天、明天。昨天已經過去，永不復返；今天已經和你在一起，但很快也要過去；明天就要到來，但也會消逝。抓緊時間吧，一生只有三天。」這是美國夏威夷群島上的學生，每天上課之前都要念誦的一段至理名言。

　　這段話僅用三天時間概括人的一生，提醒人們珍惜時間，更彰顯出時間的寶貴。任何一天對我們而言都很重要，但再仔細想一想，這三天當中，只有今天才能抓住，也只有今天最為現實。因為，昨天已經過去，明天還未到來，所以抓住今天才是根本。

　　美國詩人朗費羅說：「不要老歎息過去，它是不再回來的；要明智地改善現在。要以不憂不懼的堅決意志投入撲朔迷離的未來。」

　　書本、父母、老師都教育我們時光寶貴，一定要珍惜時間。可是我們總是那麼容易放縱自己，沉迷於娛樂之中不能自拔，許多寶貴的時間就在放縱和沉湎之中流失了，再也不能從頭再來。看看那些街頭的失意者，哪個不是慨然歎息自己曾經蹉跎歲月，總是用「假如時間可以倒流」之類的話來安慰自己，回想當年的凌雲壯志，悔之晚矣！

　　人生沒有回頭路，時間也不可以逆轉，有的人功成名就，有的人卻一事無成。為什麼呢？原因就在於，有人善於利用時間，有人卻不會利用時間。

　　時間寶貴，稍縱即逝，樹立時間意識，能好好利用時間就是對時間的最大珍惜。無論口頭上怎麼說珍惜時間，若只是碌碌無為地瞎忙著，表面上的忙碌，實際上是浪費時間。

　　美國著名的科學家兼政治家富蘭克林曾經與一個嚮往成功的

青年人約好了見面。那個青年人如約而至時，富蘭克林的房門敞開著，眼前的景象令青年人頗感意外，只見富蘭克林的房間裡亂七八糟、狼藉一片。

沒等青年人開口，富蘭克林就招呼道：「你看我這房間，太不整齊了，請你在門外等候一分鐘，我收拾一下，你再進來吧。」

一邊說著，富蘭克林一邊輕輕地關上了房門。不到一分鐘的時間，就又打開了房門，並熱情地把青年人讓進客廳。這時，青年人的眼前展現出另一番景象，房間內的一切變得井然有序，而且有兩杯剛剛倒好的紅酒，在淡淡的香水氣息裡還蕩漾著微波。沒等青年人把滿腹有關人生和事業的疑難問題提出，富蘭克林就非常客氣地說道：「乾杯。你可以走了。」

年輕人手持酒杯一下子愣住了，既尷尬又非常遺憾地說：「可是，我……我還沒向您請教呢……」

「這些……難道還不夠嗎？」富蘭克林一邊微笑著一邊掃視著自己的房間，意有所指地說：「你進來之後又經過一分鐘了。」

「一分鐘……一分鐘……」年輕人若有所思地說：「我懂了，你是想告訴我，與其浪費時間考慮這些無聊的瑣事，還不如馬上行動，否則我的夢想將會徹底與我失之交臂。謝謝您讓我明白了一分鐘的時間可以做許多事情，可以改變許多事情的深刻道理。」

年輕人把杯裡的紅酒一飲而盡，向富蘭克林連連道謝後，開心地走了。

富蘭克林早就意識到時間的可貴，因而提醒世人：「你熱愛生命嗎？那麼別浪費時間，因為時間是組成生命的材料。」

是的，一分鐘雖然短暫，但集結許多一分鐘就可以完成許多事情；只要把握好生命的每一分鐘，也就把握了理想的人生。

做好時間規劃，是成功最佳辦法

合理地安排時間，做好規劃，你的時間就用好了一半，只要你身體力行地去做了，距離成功就只有一步之遙。

為了追逐自己的夢想，我們必須規劃自己的時間，培養自己的時間意識，一旦錯過，將無法重新來過。

我們要努力避免「一分錢智慧，幾小時愚蠢」的事例發生，如果為省兩塊錢排隊半小時，為省十五元而步行三站等車，都是極不划算的。

對待時間，時時刻刻要有一個「成本和價值」的觀念，注重時間的機會成本，使時間產生的價值最大化，同時在處理事情過程中要注意最重要的事和最緊急的事的優先次序。

每個人的每一天都只有二十四個小時，為什麼不同的人的成就卻有如此大的差異呢？這就是時間運用的「品質」問題。也就是說，他們在怎麼使用時間、怎麼分配時間上，有著巨大的差異。想要讓工作有效地進展下去，怎麼計劃時間、怎麼利用時間是至關重要的。

假如有一個木匠從屋頂開始造房子，然後著手於屋子的主幹部分，這些都完了以後，才開始基礎部分的施工，最後才是土地的修整，這樣或許同樣可以蓋成房子，但並不能確定他建造的房

子能不能牢固地聳立在土地上。

此外，不停地從這兒到那兒地往返工作，花費的時間是正常的二倍，甚至是三倍，成本也正比例地增長。

如果不能事先好好計劃，好好安排工作順序，不但花的時間很多，成本也會大幅提高，品質還很糟糕。

如果換成一個專業的木匠，就會首先修整土地，然後設計在哪個部分修建房屋，做好設計圖以後，按照設計圖開始基礎部分的建設，然後立柱、造壁、搭上屋頂，把房子的骨架建構起來，這些流程都完成以後，再著手進行內部的裝修。等進行到了這個階段，哪怕外面下雨，工程進度也不會停下來，不會對工期產生任何影響。

「合理安排時間，就等於節約時間。」培根曾經這樣告訴我們。

彼得・杜拉克在《有效的管理者》一書中也提出：「認識你的時間，是每個人只要肯做就能做到的，這也是每個人走向成功的必經之路。」

合理地安排時間，做好規劃，有效率地做事情。每天一個小計劃，每週一個小任務，每月一個小結，每年一個大計劃；只要你計劃了，你的時間就用好了一半，只要你身體力行地去做了，距離成功就只有一步之遙。

珍惜時間的第一要務就是安排好自己的時間，知道自己在什麼時候應該做什麼事情。

要衡量一個人對時間的重要性知道多少，只需觀察他利用時間的方法就足夠了。一個人對時間的重要性知道多少，則關係著他未來的人生走勢。一個知道時間重要性的人和一個恣意浪費時

間的人相比，兩者的人生差異也將會有天壤之別。

不能忽略的是要堅定地去履行自己的規劃，不要一味地欺騙自己。不論寶貴的時間怎樣流逝，都要在一息尚存的時候，努力達成人生目標，實現心中久違的夢想。正是憑著這樣的信念，莎士比亞才寫出了一部又一部的文學巨著，實現了心中的文學之夢。

許多人制定了計劃卻不去做，不能做到今日事今日畢，一拖再拖的結果，什麼事也做不成，最後被瑣事壓得喘不過氣來，每天晚上躺在床上唉聲嘆氣，一天又過去了，計劃又沒能完成。

事實上，計劃無法完成沒有關係，盡力去做就行了，做不完就修改計劃。怕的是淪為空談，任由自己的惰性思維作怪。要想有所成就，必須學會克制自己的惰性，不能事事順其自然，否則最終沒出息也只能怨自己。

想好好珍惜時間，必須記住做事一定要有條理，工作一定要講規律。怎麼說呢？那是因為我們的大腦是受生理時鐘支配的，是有週期性的，作息時間要順從自身的規律，為大腦創造一個好的環境，那麼大腦便會有效率地進行工作；如果在錯誤的時間進行不當的行為，任何健康的身體也會支撐不住。

懂得時間管理便是真正做到生活管理、個人管理以及對於自我的管理。當你熱愛你的生活時，就會熱愛每一分鐘，對每天寶貴的分分秒秒的誤用和浪費，都應該儘量避免。

效率高的人總是緊湊地計劃自己的時間，以十到十五分鐘為一單元，提前對每一天進行詳細計劃，分秒必爭。當你更仔細地管理你的時間和生活時，就是對每一分鐘和每一小時賦予更高的價值了。

上天給每個人公平的每天三個八小時。第一個八小時大家都在工作，第二個八小時大家都在睡覺。人與人的區別都是第三個八小時創造出來的，如果在這第三個八小時裡，每天花三個小時上下班，兩個小時吃早中晚飯，一個小時看電視，自由支配的時間就只剩二個小時了。你可能會非常節省地用它來陪女朋友看電影、健身或者唱歌、上網。如果從交通、睡覺、吃飯裡分別挪出一些時間花在學習上，你的成長將是驚人的；如果把這些時間花在交際、運動、參加公益活動，將能大大擴展你的人脈。

時間管理就是耕耘自己，時間管理是把有效的時間投資於你要成為的人或你想做成的事。你投資於健康就會在健康上收穫，你投資於人際關係，你就會在人際關係上有收穫。

所以，請珍視生命吧，只有懂得生命的可貴，你才能在屬於自己時間的一生當中生活得更加多彩！

時間是世界上一切成就的土壤，時間給空想者痛苦，給創造者幸福，給追夢者引路，只有懂得了時間的不可逆轉，才能把握住生命中的每一天、每一分、每一秒，人生才會因為夢想的實現而更加絢爛多姿！

「當許多人在一條路上徘徊不前時，他們不得不讓開一條大路，讓那珍惜時間的人趕到他們的前面去。」偉大的古希臘哲學家蘇格拉底跑在了前頭，親愛的朋友，你甘於落後嗎？

只要不放棄，小人物也能創造傳奇

當我們下定決心開始追逐夢想時，所能做的就是從自身所處的環境出發，利用有利條件，完成這個偉大的使命。

「只要給我一個支點，我就可以將地球撐起。」穿越千年，時至今日，阿基米德在闡述槓桿理論時發出的經典豪語仍然激勵著世人。我們不妨將物理學的理論加以延伸，探討一下人生意義上的「支點」問題。

每個人都渴望成功，都夢想成功，都追求成功，沒有什麼能比成功更讓我們感到興奮，感受到人生的充實與滿足。但是夢想的實現並非是一蹴可幾的，追夢的歷程就如馬拉松賽跑，需要經過長途跋涉，才能從起點到達終點。在開始這段路程之前，必須從自身所處的客觀環境出發，透過各種途徑「武裝」自己，壯大自己，也必須在客觀環境尋求自己的人生支點。

一個不得不承認的事實是，時間和空間的無限性決定了你我的生存軌跡不可能完全交融，轉瞬片刻的相會並無法保持永恆。因此，我們不得不接受上天的安排，有意或無意地將我們分散到人世間的各個角落，諸如美好、光明的順境或者痛苦、黑暗的逆境。

雖然我們不得不無奈地對此表示認可，但在內心深處，許多

人的眞實想法是：「這個世界眞是對我太不公平了，憑什麼要我生活在這樣一個痛苦的環境中，一個人獨自背負這樣的苦難？」

或許，這句話是接受命運擺佈的牢騷，或許是不甘心命運擺佈的吶喊，但這正是是強者之所以是強者，弱者之所以是弱者的重要原因。

生活周遭的人，甚至我們自己可能都沒有顯赫的背景，沒有傳奇的經歷，是普通得不能再普通的「小人物」。當然，由於人類特有的虛榮心，大部分的人不願意接受這樣的稱呼，做這樣的「無名小卒」，而是幻想著能夠擁有像比爾‧蓋茲一樣多的財富，造就顯赫背景，但不可否認的事實是，很多人在人生中的初始階段都是一無所有的「小人物」。

馬克思曾經就人與環境的關係做出了精闢的論述：「人是環境的奴隸，同時又是環境的主人，人與環境之間存在著極其微妙的互動關係。」

現實中的每個人就如同構成大海的水滴，在相互孕育、相互影響的過程中，在潮起潮落的浪濤中，無論水滴處於低點還是高勢，都會朝著既定的方向前進。很多時候，當我們下定決心開始追逐夢想時，所能做的就是從自身所處的環境出發，利用有利條件，克服消極因素，憑藉人生的「支點」和上帝賦予的智慧、力量完成這個偉大的使命。

美國總統亞伯拉罕‧林肯的一生可謂是起伏不定、命運多舛，但是林肯憑著無與倫比的勇氣和腳踏實地的精神挺了過來。

無數西方人對林肯都懷著敬仰之情，原因不僅僅是林肯最終實現了自己的人生目標，成為了美國總統，更因為林肯以一位平

民之子的身分，一步一步地從社會的最底層走了上來。

　　他願意承受上帝以苦難考驗他，但他不願接受命運的擺佈，不願在命運面前甘爲奴隸，他的骨子裡透著美國人獨有的「叛逆」精神，終於他面帶微笑地成功走了出來，儘管渾身上下已經「傷痕累累」。

　　美國人對這位平民總統情有獨鍾是有原因的，因爲相對於「從出生時就銜著金湯匙來到這個世間」的其他美國總統而言，美國人更看重一個人後天不懈的努力，而並非天生優越的生存環境。正如很多美國人看待別人的成功時，他們會說：「If I have the same good luck, I can do better（如果我有他那樣的運氣，我能做得更好）」。

　　不只是林肯，還有無數意志力堅強的人，憑藉著自己的努力創造了或正在創造屬於自己的「小人物神話」。

　　速食業巨頭「麥當勞」，相信很多人是非常熟悉的，但誰能想到當年雷‧克洛克苦心經營它的艱難？

　　克洛克出生於美國的一戶普通家庭，家境一般，雖然家裡的經濟條件比較拮据，但還是希望能夠支持他讀完大學。克洛克中學時代成績非常優秀，本人也夢想著完成大學學業，但上帝偏偏在這時和他開了一個玩笑。

　　一九三一年，美國發生了前所未有的經濟大蕭條，導致大量人群失業。克洛克的家庭也因此受到了影響，爲了生活，克洛克迫不得已放棄進入大學校園。後來，他四處打聽，同時對市場進行了充分的調查研究，認爲在房地產方面有一定的發展前途，等到他費了九牛二虎之力好不容易在這方面打開一點局面時，上帝

又和他開了人生中的第二次玩笑。

受到第二次世界大戰的影響，世界各地烽煙四起，房地產價格市場急轉直下，克洛克的房地產公司被迫倒閉，十幾年的努力在頃刻間化為烏有，這樣的打擊對於他來說是極其沉重的。

為了謀生，他四處奔波、到處求職，曾做過救護車司機、鋼琴演奏員和攪拌器推銷員。就這樣，幾十年來低谷、逆境和不幸，伴隨著雷·克洛克，命運一直無情地捉弄他。

雷·克洛克雖然屢遭挫折，但依然熱情不減，執著追求。一九五五年，在外面闖蕩了半輩子的他回到老家，發現迪克·麥當勞和邁克·麥當勞開辦的汽車餐廳生意十分好。經過一段時間的觀察，他確認這種行業很有發展前途，當時雷·克洛克已經五十二歲了，對於大多數人來說這正是準備退休的年齡，可這位門外漢卻決心從頭做起，到這家餐廳打工，學做漢堡。

不久，麥氏兄弟的餐廳準備轉讓出去，雷·克洛克毫不猶豫地向銀行貸款兩百七十萬美元買下餐廳繼續經營。

經過幾十年的苦心經營，「麥當勞」現在已經成為全球最大的以漢堡包為主食的速食公司，在全世界擁有一萬多家連鎖分店，全世界的麥當勞每天的收入高達四億多美元。

雷·克洛克終於迎來了自己人生的巔峰時期，他的成功說明了什麼？這位一無所有、名副其實的「小人物」經歷了人生中半輩子的坎坷辛酸，然而憑藉始終如一的生活熱情、堅定的意志、頑強的信念和不懈的努力，終於創造了屬於自己的「小人物」式的商業神話。

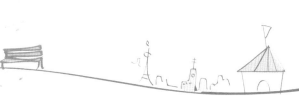

克服險阻，創造自己的幸福

只要你從自身的實際條件出發，運用身邊可以掌控的資源，克服消極因素，一定會創造一個屬於自己的人生。

　　只要讀過美國殘疾女作家海倫‧凱勒的作品《給我七天光明》，一定會被她身上所展現的對於生命的尊重、生活的熱愛以及光明的渴求深深打動。

　　海倫‧凱勒出生於美國阿拉巴馬州北部的一個普通城鎮家庭。嬰兒時期因為猩紅熱產生的高燒使海倫失明、失聰，成為一個集盲、聾、啞於一身的殘疾人。七歲那一年，父母為她安排蘇利文老師到身邊，用愛心和智慧引導她走出無盡的黑暗和孤寂。

　　十歲時，海倫開始學習說話，因聽不到別人和自己的聲音，只能用手去感受老師發音時喉嚨、嘴唇的運動，然後進行成千上萬次的模仿和糾正。

　　當第一次像正常人那樣說出「天氣真熱」這句話時，驚喜之餘，她和蘇利文老師都意識到，在她們頑強的毅力面前，再沒有克服不了的困難。她除了嗜書如命，還喜歡騎馬、游泳、划船，酷愛戲劇表演藝術，靠著不屈不撓的意志，以優異的成績完成了世界名校哈佛大學的學業。

　　讀書不僅使海倫成為一個著名的學者，也陶冶了她美好的心

靈。她熱愛大自然，站在尼加拉大瀑布前雖然看不到這雄壯的美景，聽不到那震耳欲聾的轟鳴，卻可以從空氣的震顫中領略到世界最宏大的瀑布的雄奇壯觀。在博物館和藝術品商店裡，海倫就像用手指去「觀察」寫在人們臉上的喜怒哀樂一樣，可以用靈巧的十指去感受古希臘雕塑之美。

海倫跟著蘇利文老師學習三個月後，就開始嘗試用稚嫩的文字表達自己的感受，寫出了有生以來的第一封信。

隨後，她又在蘇利文老師的幫助下，開始在美國的一家雜誌上連載她的自傳《我生活的故事》，第二年結集出版後轟動美國文壇，甚至被譽為當年世界文學上最重要的兩大貢獻之一。

她給世界以愛心，世界回報她崇高的榮譽。

一九一九年，海倫的故事被好萊塢搬上銀幕，由她本人出任主演。一九五五年，她榮獲哈佛大學的榮譽博士學位，成為歷史上第一個受此殊榮的婦女，馬克·吐溫稱她和拿破崙是十九世紀最傑出的兩個人物。

從海倫童年時起，每一任美國總統都邀請她到白宮作客，被政府稱為全美三十名為國家做出偉大貢獻的傑出人士之一，榮獲過美國總統親自頒發的「自由獎」，被譽為美國的高級公民。

一九五九年，聯合國在全球發起以她的名字命名的「海倫·凱勒」運動，以資助世界各地的聾、盲兒童。一九六〇年，描寫她成長經歷的劇本《奇蹟的創造者》獲普利茲獎，並被拍成電影。同年，美國海外盲人基金會在海倫八十歲生日那天，宣佈頒發「國際海倫·凱勒獎金」，以獎勵那些為盲人公共事業做出傑出貢獻的人。

海倫·凱勒這位在旁人看來似乎被遺棄的人，不甘心命運的擺佈，憑藉常人難以想像的艱苦努力，終於演繹了生命中最絢麗

的人生樂章。

西方有位哲人說的這句話很有道理：「其實，上帝還算是比較公平的，無論祂怎麼安排我們的一切，對於我們想要的東西，祂還是比較慷慨的，只不過有的人一開始就已經得到，而有的人到最後才擁有，僅此而已。」

無論你出生名門還是家境貧寒，無論你身世顯赫還是一無所有，這些都不是最重要的，最主要的是你自己是不是對生活喪失了信心，有沒有努力地付出過。

只要你從自身的實際條件出發，運用身邊可以掌控的資源，抓住有利條件，克服消極因素，一定會創造一個屬於自己的人生，即使最後的結果沒有想像中那麼滿意，也不會後悔自己所付出的這一切。

當然，在這裡還有必要澄清一個觀念，並不是一定要將身世背景的好壞做絕對的區分，假如有幸出生名門，也可以好好利用自己的有利環境克服生活中的很多阻力，加快成功的步伐。但是如果沒有這樣的好運，就需要更多後天的努力，創造屬於自己的生活。兩者並無二致，只是手段上的差異而已。

益友能散發光亮指引未來的方向

 一個人的朋友如何，對自身的發展往往有著很大作用，這是一種看不見的潛移默化，薰陶感染的力量。

　　古希臘著名哲學家亞里斯多德曾經說過：「人是社會的動物，因此，人不可能獨立於社會而存在。一個人必須在與他人的交往中，才能完成社會化過程，使自己逐漸成熟。」

　　任何一個人生活在這個世界裡，不論生活、學習還是工作，不可能是孤立的、不與他人發生聯繫的。我們會從他人那裡獲得各式各樣的幫助，一個鼓勵的眼神，一句溫馨的話語，一本難得的書籍，一頓可口的飯菜，一張電影票、車票……等等，諸如此類，不勝枚舉。

　　任何人都不是完美無缺的，每個人都有自身的缺點，我們需要尋找別人的幫助，汲取他人的長處，助自己一臂之力。

　　正如美國人本主義心理學家馬斯洛所說，人有五種不同層次的需要：生理需要（衣、食、住、行、性的需要）、安全的需要（人身安全、職業安全等）、愛的需要（交往、歸屬的需要）、尊重的需要（自尊、受人尊重）和自我實現的需要。

　　這五種需要存在由低級到高級發展的規律，每一種需要的滿足都必須透過與他人正常、和諧的交往才能實現。如果沒有與他人交往，只是活在自己的世界裡，不僅基本的需要滿足不了，還

會因此丟掉性命。

倫敦有位年輕的男孩是一所大學的學生，住在一棟出租公寓。不久，公寓來了一位年輕的女孩，就住在他隔壁。女孩長得很美，有著天使一般的容顏，深深地打動了男孩的心。他每次上樓下樓都會遇見她，不知不覺中愛上了她，可是一直找不到藉口與她相識，他覺得很痛苦，鬱鬱寡歡。

耶誕節到了，男孩一個人待在房間裡，舉目無親，寂寞難忍。忽然，他聽見隔壁房間傳來了咯吱咯吱的聲響和陣陣喘息聲，連續很長時間。

那女孩的呻吟聲響和床架咯吱咯吱聲一直沒有停止，男孩想到自己正孤獨悲傷，而女孩卻享受著男歡女愛，深深地刺傷了他那顆沉浸在沮喪之中的心，使他感到人生徹底地絕望了。最後，他找了一根繩索，自懸於樑上，告別了人世。

第二天，人們發現，就在那個耶誕節之夜，不僅那個男孩，那個女孩也自殺了，是吃毒藥死的。

男孩聽到的那些響聲，其實是女孩藥性發作掙扎時發出的，但他完全誤解了那些聲響。

女孩的桌子上有一張遺書，遺書上說，她實在忍受不了這種孤獨，在這個世界上，沒有人關心她，尤其是在那個美麗的耶誕節之夜。

多麼令人嘆息的故事！人與人之間不進行必要的溝通，總是以自己的想法去猜測他人，結果只會越來越糟。在我們進行社會交流的過程中，朋友是我們交流的媒介，也是我們交流的果實。當我們與生活著的這個世界進行接觸時，朋友發揮著難以想像的

重要作用。

我們生活中有各式各樣的朋友，其中有貴人讓我們減少奮鬥的時間，使我們在起步階段不會那麼辛苦，遇到麻煩事不會那麼無助；有和自己志同道合的人，一起開拓事業，可以互相比較自己還有什麼地方不足，什麼地方需要改進；有患難摯友，當自己在外面遇到困難朋友總是能幫我們解決。

當然，生活中也少不了對手，永遠激勵我們前進奮鬥，我們雖然都很恨自己的對手，但當一個人失去對手的時候就會玩物喪志不思進取，對手雖然可恨但不可少。

此外，還有親人，是讓我們寧靜休息的港灣，親人永遠是最可靠、最安全的，當自己受了什麼打擊或遭遇失意挫折，親人總是最強大的後盾。

人生在世，是離不開朋友，少不了朋友的友誼和支援的。然而，大千世界，魚龍混雜，朋友也分損友和益友，因此如何認識和選擇朋友，無疑是十分重要的人生課題。

「近朱者赤，近墨者黑」，一個人的朋友如何，對自身的發展往往有著很大作用，這是一種看不見的潛移默化、薰陶感染的力量。

與優秀的人為伍，能感染優秀人物的氣息，學習他們的長處，促進自身的成長；反之，結交一些有不良嗜好的朋友，久而久之，就會沾染一些不良的習氣，反而是非不分，結果必然是將自己引入歧途。

古希臘曾經流傳著一個美妙的神話故事。

十八歲的少年海格力斯，正走在人生的十字路口上，碰見了兩位女神，一個叫「惡德」，一個叫「美德」。

　　「惡德女神」千方百計誘惑他去追求能使人享樂一生卻有害他人的生活，「美德女神」則勸導他走向為人類除害造福的道路。

　　最後，海格力斯聽從了美德女神的呼喚，拒絕惡德女神邪惡的誘惑，選擇為同胞做好事的人生道路。

　　後來，海格立斯成為受到希臘人愛戴與推崇的英雄，他的英勇事蹟也一直流傳下來。

　　好的朋友猶如前進中的一盞明燈，能夠促使彼此養成良好的行為習慣，指引人們更快地奔向正確的目標，如同西班牙作家塞萬提斯所說：「以好人為友者，自己也能成為好人。」

良好的人際關係，使人生更加順利

每一個人的成功都取決於和別人打交道的程度。是不是習慣於與他人交往、同他人合作，決定了我們的發展空間。

成功學大師卡內基曾經說過：「一個人的成功，百分之十五取決於專業本領，百分之八十五取決於人際關係與處世技巧。」

美國普林斯頓大學曾對一萬人的人事檔案進行分析，結果發現「專業技術」、「知識」、「經驗」只佔成功因素的百分之二十五，其餘百分之七十五決定於良好的人際關係。

哈佛大學就業指導小組也曾對幾千名被解僱的男女進行調查，發現人際關係不好的比不稱職的高出二倍。

另一份研究報告則說明，在美國每年離職的人員中，因人際關係不好導致無法施展所長的佔百分之九十。可見，人際關係好壞何等重要。

所謂人際關係，是指我們在各種具體的社會領域中，透過人與人之間的交往建立起心理上的聯繫。和諧、友好、積極、親密的人際關係都屬於良好的人際關係，對於一個人的工作、生活和學習是有益的。

社會心理學的調查研究顯示，良好的人際關係是一個人心理正常發展、個性保持健康和生活具有幸福感的重要條件之一。有

良好的人際關係，做起事來也會較爲順利。

　　曾經看過這樣一個寓言：有一天，梭子魚、蝦和天鵝想把一輛小車從大路上拖下來。三個傢伙一起用了最大的勁，但是無論怎麼拖，小車還是停在老地方，一點也沒有移動。

　　不是因爲小車重得動不了，而是另有緣故，因爲天鵝使勁往上向天空提升，蝦一步一步向後倒退，梭子魚又朝著池塘拉去。

　　這個寓言說明，任何一種事物都是由許多相互聯繫、相互制約的要素組成的系統，當各種相互作用、相互依賴的關聯要素彼此協調、合作、同步一致地向同一目標運動時，就會產生大於各個要素孤立相加的力量。當它們互不合作，各自往相反的方向作用時，則產生小於單個的力量。

　　人們生活在一個普遍聯繫的世界，科學技術和資訊網路已經把地球的每一個角落都納入整體，甚至可以這樣說，每一個人的成功都取決於和別人打交道的程度。是不是習慣於與他人交往、與他人合作，決定了我們的發展空間。

　　有一位老師在課堂上讓學生們做了一個活動，先請一個孩子走上講台，要他伸出自己的小手，分別談一談每根手指頭的優勢和長處。只見這個小孩一邊張著手，一邊說：「大拇指可以用來讚揚別人，可以按圖釘；食指可以指東西，可以搔癢；中指最長，可以……」

　　小孩子的思維很靈活，一口氣說了不少，其他同學紛紛補充，數盡每根手指的功能。這個時候，老師笑瞇瞇地發給學生們每人一個裝著一顆小玻璃球的杯子，對大家說：「那麼，現在就請你

們用你們認為最有本事的那根手指把玻璃球從杯子裡取出來！記住，只能用一根手指。」

老師一宣佈完，教室裡的氣氛一下子熱烈起來，學生們積極地動起手來。可是，不論怎麼努力，玻璃球就是取不出來。

老師這才不徐不疾地宣佈說：「好吧，你們可以邀請另外一根手指和原先的那一根合作。」

問題於是迎刃而解。

這位老師的用意在於要使孩子們懂得，無論一個人多麼有才能，總是有所侷限，總有無法獨立完成的工作，合作是必要的。

任何一個人要呈現出本身的才能，必須以承認其他參與者的價值為前提。就好比一位將軍要施展他的軍事指揮才能，就一定要有可供調遣的士兵，還要有作為對手的敵人。

承認別人就是認可自身的價值，合作不是一般意義上的人際交往，而是為了一個共同的目標結成互助互利的「雙贏」關係。

與人合作的能力已經成為當今世界人才的重要素質之一，也是必須加強的重點。因為，目前由於獨生子女數量大大增加，任性、脾氣大、與人合作能力差，成為大多孩子心理品質上的弱點。

一項調查報告指出，諾貝爾科學獎金自一九○一年設立以來，到一九七二年為止，二百八十六名獲獎者中，有三分之二是因為與別人合作進行研究而獲獎的。而且，協作研究的比例正逐漸上升，在諾貝爾獎金設立的前二十年為百之四十一，第二個二十年躍升至百分之六十五，而現在為百分之七十九。

然而，大部分孩子存在孤僻離群、不愛與人交往的問題，尤其是獨生子女更容易形成這種習慣。特別是有些獨生子女，由於

家長長期嬌生慣養、放縱不管，使孩子非常任性，喜歡獨來獨往，生活中只有自己，很少想到別人。這樣的孩子長大以後，很難與人合作，很難適應社會，長此以往，後果不堪設想。

那我們究竟如何與他人交往，編織廣泛的交際網？

當我們經過審慎的選擇，尋找到了自己的朋友之後，如何確保彼此關係和諧健康地發展是大有學問的。

最重要的就是要能以誠相待，對朋友最怕虛情假意，虛與委蛇。朋友之間允許有各自的隱私，但相互之間的交往一定是出於真誠的，能夠信守諾言，互信不疑。「信」是為人處世恆常不變的美德之一，有兩方面廣義解釋，首先是是信用，自己說到做到，一諾千金，言而有信；其次是信任，相信朋友，不要無端猜疑。一個讓人不信任的人是交不到朋友的，一個總是疑心別人的人也很少有人可以交往。

想交到真正的朋友要懂得寬以待人，以寬廣的胸懷、寬容的氣度，創造寬鬆的人際環境，使別人敬重和傾慕自己的人品，使自己具有大度豁達的人格魅力。特別是在競爭激烈的今天，必須尊重別人，不要取笑別人，學會給別人「下台階」，己所不欲勿施於人，才能贏得別人的尊重。

人生在世，不能沒有朋友，憑藉朋友的幫助和自身的努力，一定會體會到與別人共享成功時的喜悅，那一刻的幸福是如此真實，如此令人感動。

相信自己，青蛙也能變王子

對於挫折和失敗，任何一個稍有智慧的人都應該理性地對待它，在困境中積極調整自己的心態，為即將到來的衝刺做好充足的準備。

第一次聽到〈青蛙王子〉的童話故事時，相信許多人幼小的心靈必然十分驚訝於它的神秘，心想人世間會有這樣美好的事情嗎？要是能發生在現實生活中，不知該多好啊！

後來隨著自己的不斷成長，我們漸漸有了一些較為成熟的看法。雖然童話只是童話，但我們依然感動於如此豐富的想像力。如果換一種看待事物的角度，將會發現，現實中的我們正在追夢的道路上不自覺地演繹屬於自己的「青蛙王子」式的經典傳奇。

在夢幻般的童話中，弱小的青蛙最終如何能變成英俊的王子，依靠的魔法口訣到底是什麼？

是這隻被施法的青蛙原本就擁有身分高貴的王族血統，還是依靠善良又本領高強的魔法師幫助？

是這隻可憐青蛙的悲慘遭遇感染了大家的同情心，還是在無數次的挫折面前所表現出來的令人佩服的頑強信念？

是青蛙展示的迷人性格將大家團結在一起，共同對付邪惡的敵人，還是對於勝利的渴望和自身執著不懈的努力讓人肅然起敬？

這個問題的答案並不是唯一的，而是所有相關要素共同作用

的結果。

在今天這樣紛繁複雜的現代社會，僅靠一個人的力量打拼是遠遠不夠的，就如同「青蛙王子」一樣，你必須學會如何營造自己的人際脈絡，最大程度上發揮朋友的作用。

一旦確定了自己的人生目標，就應該學習「青蛙王子」的毅力和信念，將自己的計劃不折不扣地付諸行動，而不是在那裡做「白日夢」。

對於挫折和失敗，任何一個稍有智慧的人都應該理性地對待它，在困境中積極調整自己的心態，為即將到來的衝刺做好充足的準備。對於成功，任何人都渴望，但是渴望的程度是絕對不同的，或許你可以憑藉自己頑強和執著的信念，將這種對於勝利的追求發揮到極致，如果你能做到這一點，成功對於你而言只能成為一種無法避免的事實。

要想獲得一份屬於自己的成功，還需要付出很多很多，但是我想只要我們心中有夢，童話中的「青蛙」一定會成為現實中的「王子」。

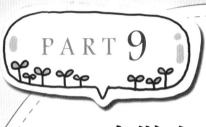

PART 9

光做白日夢，
最後仍是一場空

人不能生活在幻想和美夢當中，
也不能生活在回憶和悔恨當中，
我們所能做的就是將自己的夢想
轉化為現實，即「把握當下」。

光是等待，奇蹟不會主動前來

成功者忙於把事情做好，忙於如何生氣勃勃和
樂觀地對待一切。他們知道，只有這樣，才能
得到幸運和機會的垂青。

　　任何一種良好的機會，全在於自己去創造，如果你天真地相
信好機會在不遠處等著你，或者會自動找上門來，無疑是天下第
一號傻瓜。

　　如果你正失業，不要等著好職位上門找你；如果你不去創造，
就不要等著上司給你加薪；如果你不去找客戶談生意，客戶不會
主動給你送來業績；就算你等白了頭，也不見得能等到成功找上
門來。總之，如果你不去創造機會，不去發現機會，你就會在等
待中虛度一生。

　　鋼鐵大王安德魯‧卡內基曾說過：「機會是自己努力造成的，
任何人都有機會，只是有些人善於創造機會罷了！」

　　機會一向都是給早已準備好的人。一個人若想要獲得機會，
就必須採取行動，如果等著別人雙手把「機會」送到面前，只有
失望的份。

　　有一個名叫希爾維亞的美國女孩，出生在條件優越的家庭，
父親是整形外科醫生，母親在一家聲譽很高的大學擔任教授，從
唸中學的時候起，她就一直想成為電視節目主持人。她覺得自己

具有這方面的才能，因為每當她和別人相處時，即使是陌生人也願意親近她並和她長談，她知道怎樣從人家嘴裡「掏出心裡話」，朋友們稱她是他們的「親密的隨身精神醫生」。

她自己常說：「只要有人願給我一次機會，我相信一定能成功。」但是，她為了達到這個理想而做了些什麼呢？什麼也沒有！她在等待奇蹟出現，希望一下子就當上電視節目主持人。

希爾維亞不切實際地期待著，結果什麼奇蹟也沒有出現。

另一個名叫辛蒂的女孩卻實現了希爾維亞的理想，成為著名的電視節目主持人。辛蒂之所以成功，就是因為她知道「天下沒有白吃的午餐」，一切成功都要靠自己努力爭取。

她不像希爾維亞那樣有可靠的經濟來源，所以沒有不切實際等待機會出現，她白天上班，晚上在大學的舞台藝術系上夜校。畢業之後，她開始找理想中的工作，跑遍了洛杉磯每一個廣播電台和電視台。但是，每個地方的經理給她的回答都差不多：「不是已經有幾年經驗的人，我們不會僱用的。」

但是，她不願意退縮，也沒有坐著等待機會，而是走出去尋找機會。她一連幾個月仔細閱讀廣播電視方面的雜誌，最後終於看到一則招聘廣告，北方有一家很小的電視台缺一名預報天氣的女孩子。辛蒂是加州人，不喜歡北方，但是，有沒有陽光，是不是常下雨都沒有關係，她希望找到一份和電視有關的職業，做什麼都行。

她抓住這個工作機會，動身前去應徵。辛蒂在那裡工作了兩年，最後在洛杉磯的電視台找到了一個工作。又過了五年，她終於得到提拔，成為夢寐以求的節目主持人。

為什麼希爾維亞失敗了，而辛蒂卻如願以償呢？

　　原因就在於希爾維亞有十年的時間，一直停留在等待機會的階段，總是期望會有時來運轉的一天。辛蒂則自知條件有限，不斷充實自己，堅持不懈地尋找自己的夢想，不放棄任何一個成為主持人的機會，還能夠積極創造，即便不能成為電視節目主持人，只要與電視有關，她都願意嘗試，經過若干年的累積，終於實現自己的理想，成為著名的節目主持人。

　　失敗者談起別人獲得成功時，總是不檢討自己，反而忿忿不平地說：「別人只不過是憑運氣，趕上了好機會。」他們不採取行動，總是等待著「有一天」自己會走運，總是把成功看成是降臨在「幸運兒」頭上的偶然事情。

　　成功者耽誤不起這些羨慕、不平的時間。他們忙於解決問題，忙於勤奮工作，忙於把事情做好，忙於如何生氣勃勃和樂觀地對待一切。他們知道，只有這樣，才能得到幸運和機會的垂青。

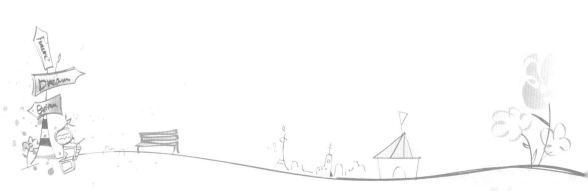

創造機遇，擴大成功領域

機會不會白白的從天上掉下來，成功的人總是在機會來臨的時候，緊緊抓住機會，在沒有機會的時候，創造機會。

不少知名大學的學生，畢業後找不到工作，仍然得靠父母養活，解讀大學畢業即失業這個現象，其中有很多原因，或許是學生好高騖遠，過高的期望與現實的差距，阻礙了大學生的就業；更大的原因是就業觀念沒有及時轉變，只會等著機會找上門，不會自己找市場，不會「自己推銷自己」。

下面這則故事或許對於很多人有所幫助。

有一個年輕人剛從學校畢業，急於要找到一份工作。他備妥自傳、履歷表、學校成績單以及教授的推薦函，主動到一家雜誌社毛遂自薦。

「請問你們需要一名優秀的編輯嗎？」這人問人事經理。

「不需要。」

「那麼一名好的採訪記者呢？」

「也不需要。」

「一名仔細的校對呢？」

「不需要。坦白告訴你吧，目前圖書市場不景氣，各部門都額滿了，我們沒有任何空缺。」

「經理，那你們必定需要這個東西。」說完之後，這人立即從背包中拿出一個設計精美的招牌，上面寫著：「全都額滿，暫不僱用。」

結果，這個極富創意的人被公司高薪禮聘，擔任雜誌社的宣傳工作。

華德‧迪士尼曾經說過：「在年輕人的字典中沒有失敗這個詞。」

對待機遇，有兩種態度，一種是等待機會，一種是創造機會。上面這個故事裡的年輕人，就是一個用行動創造機遇的成功者。這個單位本來不需要招聘任何人員，但是他遭到拒絕後，不僅不氣餒，反而巧妙地向用人單位表明了自己的創造力，結果贏得了那份工作。

一個人在圓夢的過程中要善於發現機遇，更要善於創造機遇，成功永遠只獎賞那些善於創造機遇的人。

庫特依巴是科威特現今最富有的商人之一，擁有私人飛機，在海濱最昂貴的地段擁有別墅，他的鄰居全部是海灣國家的達官顯貴或富豪。追溯他的成功史，就是一部追蹤機遇、創造機遇的歷史。

庫特依巴的祖父是海灣地區一位單桅三角帆船的船主，靠在沿海做小買賣為生。他成人後，開始繼承祖業，但一次偶然的海難，小帆船沉沒，使他不得不改行做煤油銷售的代理商，然而他從未放棄尋找新的機會以圖新的發展。

後來，他獲得了一個替到科威特工作的地質學家和調查人員安排交通與食宿的工作，這項工作讓他參與了採礦的業務。

　　當時，石油公司為了建波斯灣油田，需要大量的礫石製造混凝土，但當地的礫石含鹽量太高不符合標準，於是石油公司僱了一些伊拉克建築者，企圖從科威特提供礫石，但很快因運輸問題而失敗了。

　　當庫特依巴瞭解此事之後，意識到機遇來了。但是，那時他沒有錢，於是跑到巴士拉，見了三位有很好家庭背景的猶太人，他們同意從銀行借錢給他，庫特依巴就向石油公司投標此項工程，擊敗了其他競爭者。

　　之後，他用那筆錢買了駁船和拖船，其中有些是第一次世界大戰後英國軍隊遺留下來的，同時還租了二百艘單桅三角小帆船，在這樣的裝備下，開始了在科威特和阿巴丹之間運輸礫石的業務。

　　在三○年代前期，每月已可運二萬或者二萬五千噸。那時，還沒有機械挖掘系統，他僱了六千名工人挖掘，用人力肩挑的方式把礫石運上船。

　　到一九四○年第二次世界大戰爆發前夕，他已經擁有了十五條駁船和三條拖船。這次主動創造的機遇使庫特依巴擁有了一定的實力，當礫石運輸接近尾聲的時候，他開始向另一種類型的領域進軍，擔任英國航空公司和赫德森轎車的代理人，這兩項工作使他獲得很大利益。

　　在第二次世界大戰期間，轎車業務陷入困境，他馬上轉而從事出租單桅帆船的業務。二戰結束後，庫特依巴成為通用汽車公司的代理人，逐漸熟悉汽車業務的每一個方面。每年，他都去國外參觀主要的汽車展覽會，跑遍世界之後他發現，大多數民眾關心的不是汽車的外觀式樣，而是汽車的內在設備，於是他又發展起這方面的業務。

　　當時，科威特許多商人都把錢用於買賣股票或走私黃金到印

度等地，他們勸庫特依巴也用這樣的方法積聚錢財，但庫特依巴不為所動，終於為自己創造了新的機遇。

二十世紀五○年代到六○年代，科威特成為世界石油產地，石油帶來的巨大財富使科威特人對轎車的需求急增，成了最大的買主。當庫特依巴把產業移交給兒子們之時，已是科威特最大的商人了。

庫特依巴從白手起家做礫石運輸，到從事汽車銷售業，事業上的兩次高峰，都是主動尋找機遇、創造機遇，又利用機遇而實現的。

商人需要主動出擊，尋找機會，創造機會，才能闖出一條生路。對於那些有才華卻苦於沒有機會被人發現和賞識的有志之士，又何嘗不是如此？

在知識經濟時代，你必須發現自己身上的優點，然後推銷自己，讓別人認識到你的價值，方能贏得機會，實現自己的抱負。

有一位才華橫溢、技藝精湛的年輕畫家，早年在巴黎闖盪時沒沒無聞、一貧如洗。他的畫一張都賣不出去，原因是巴黎畫廊的老闆只寄賣名家的作品，年輕的畫家根本沒機會讓自己的畫進入畫廊出售。

成功似乎只是一步之遙，但卻咫尺天涯。過了不久，一件極有趣的事發生了。畫廊的老闆總會遇上一些年輕的顧客，熱切地詢問有沒有那位年輕畫家的畫，老闆拿不出來，最後只能遺憾地看著顧客滿臉失望地離去。

這樣不到一個多月的時間，年輕畫家的名字就傳遍了全巴黎大大小小的畫廊。畫廊的老闆開始為自己的過失感到後悔，多麼

渴望再次見到那位原來是如此「知名」的畫家。

就在這時，年輕的畫家出現在心急如焚的畫廊老闆面前，成功地拍賣了自己的作品。

原來，這位滿腹才華的畫家到了口袋裡剩下十幾枚銀幣時，想出了一個聰明的方法。他用錢僱了幾個大學生，讓他們每天去巴黎的大小畫廊四處閒逛，每人臨走的時候都要詢問畫廊的老闆：有沒有這位畫家的畫？哪裡可以買到他的畫？這個聰明的方法使畫家的聲名鵲起。

這個畫家便是偉大的現代派巨匠畢卡索。

據說，美國前國務卿辛吉沒成名前，就極富才華，只是一直沒有機會接觸美國上層社會。後來，他瞭解白宮的那些首腦很喜歡打高爾夫球、網球，於是便苦練高爾夫和網球，並經常到那些大人物出入的場所打球，最後因球藝精湛而被發現。在聊天中，他不斷向那些政要透露自己的政治思想，不久他的政治思想被採納，成為美國白宮著名的智囊團成員之一。

機會不會白白的從天上掉下來，成功的人總是在機會來臨的時候緊緊抓住機會，在沒有機會的時候創造機會；懶惰的人，才會像守株待兔的農夫一樣，等著下一隻兔子撞死在樹幹上，等來等去白了頭，仍舊一事無成。

掌握知識就是掌握力量

如果你極其浮躁，無法將大學期間的寶貴時間成本變為未來可以支出財富的資源，無法掌握未來基本的生存技能，結果只會被社會淘汰。

　　人生在世就如世間萬物一樣，必然有著開始、生長、成熟以及最終消亡的過程。由於生命歷程中每個階段的內容不同，所要把握的重點也會有所差異。

　　少年時代的我們無憂無慮，身邊有著父母的溫情呵護，充分享受著上天賜予我們的美好時光；一轉眼進入了青年時代，在這個人生中最具活力和朝氣的階段，我們需要把握很多東西，最為重要的就是一定要珍惜學習的時光，逐步培養自己步入社會之前的各種能力及為人處世的方法。

　　「知識就是力量」，法蘭西斯‧培根的經典名句教導我們必須尊重知識，必須懂得知識的重要性。

　　英國科學家牛頓曾經說道：「我今天所取的一切成就都是和大學期間的學習分不開的，我無法想像不經歷這樣一個系統的階段，我是否還會具備如此觀察事物的角度和視野。」

　　無論是成功者還是失敗者，無論是性格外向還是性格內向，大學的經歷必然會對一個人的整個人生脈絡發展產生深遠的影響。

　　美國現代著名法學家約翰‧羅爾斯教授年幼時性格內向，生

性害羞，青年時代在世界享有盛譽的普林斯頓大學攻讀哲學系時，由於性格過於內向，和導師及同學都無法展開深層次交流，不但影響了學習狀況，而且也導致了他的成長空間較為狹窄。羅爾斯自己很敏感地覺察到了問題的存在，但卻無法很快地轉變自己的個性，最後他的導師決定和他單獨展開一次面對面的對談，希望對他的成長有所幫助。

「羅爾斯，大學生活對於每個人一生當中的成長是極其關鍵的，如果你不抓住這樣的機會，使自己有所改變，那實在是一件令人很遺憾的事。當然，你很優秀，但過於內向，對你以後希望從事的教學工作是很不利的，因為你無法和學生進行有效的溝通。也許性格本身沒有好壞之分，但適度地兼顧還是很有益的，比如外向型的可以稍微內斂一些，內向型的則該試著外放一點。總之，一定要有所改變。」

後來，羅爾斯對當年的大學生活有許多感觸，不僅懷念導師的諄諄教導，更從那時起，做出了自己通往成功最重要也是最為艱難的轉變。

美國著名的人際關係大師卡內基認為：「將人生中最為寶貴的四年時間，利用於閱讀有價值的書，是致富的最佳方法之一。儲蓄的錢財有失落的可能，積蓄的知識卻永遠留存，而且以複利增加起來。」

對於一個人而言，數載大學歲月的重要性不論怎樣估計都不為過的，大學學習是一個人成長過程中最重要的階段。在科技日益發達的現代社會，伴隨著全世界社會文化水準的提高，沒有經過一套系統化的學習和實踐，對一個人的成長一定是不利的。

　　英國近代傑出的政治家、思想家、教育家約翰‧洛克於一六三二年八月二十九日出生於英國一個普通清教徒家庭，深受父母影響，從小性格溫和，意志堅強，善於吃苦，敢於主持正義，堅信人格獨立和政治自由，立志為民主平等而鬥爭，這些都對他人生的成長產生了深刻的影響。

　　一六五二年，二十歲的洛克考入牛津大學的基督教教會學院，在牛津學習期間，洛克對開設的課程極為不滿，對經院哲學深惡痛絕，認為經院哲學迂腐無用，對當時湧入大學的各種新科學、新哲學書籍頗感興趣。

　　他廣泛閱讀了培根、霍布斯、笛卡兒、伽桑狄等人的著作，潛心研究了物理學、化學、氣象學等自然科學，尤其對醫學有很深的研究，造詣頗高；甚至曾在學業之餘在別人開設的診所裡行醫，具有豐富的臨床經驗。大學期間的學習生活讓他成為了大家公認的「百科全書」式的學者。

　　由於他天性善於社交，愛好交友，人際關係非常廣泛，這對他以後的成長產生了巨大的幫助作用，在牛津大學學習和工作期間，他與牛頓、波以耳、塞登漢等無數名流過從甚密，結為莫逆之交。

　　洛克有幸廣結名流和科學界泰斗，從他們的思想中吸取營養，不斷豐富自己的學識和主張。更重要的是，他從這些人身上學到了科學的認識方法，並開始以此來設計自己未來的人生藍圖。

　　人生是需要舞台的，每個人都需要一個成功的支架，洛克也不例外。洛克在牛津學習時，曾拜塞登漢為師，醫學造詣很深。他精通醫理，醫術高明，只因他在哲學及教育學上的名氣太大，醫術之事倒鮮為人知。

　　這個大學期間練就的特殊本領很快就有了用武之地，並且使得洛克以後的人生發生了決定性的轉折。

一六六六年的一天，艾希利勳爵舊病復發，危在旦夕。經友人介紹，勳爵家人急忙到牛津請洛克出診。洛克診斷爲肝囊腫，當即施行外科手術，並對症下藥，終於使勳爵康復。

勳爵感激不盡，非常器重洛克才華，兩人建立了終生友誼，這偶然的機會，使洛克的生活道路發生了歷史性的轉變，洛克從此跟隨艾希利走上了政治舞台，政治理想有了實現的可能，這也決定了他一生的政治態度。

在艾希利勳爵的推薦和協助下，洛克開始進入政壇，先後擔任英國上議法院院長和貿易部部長。

分析洛克成功的原因，我們不難發現，大學期間學習和生活的經歷對於他的成長以及最終的成功都有著決定性的影響。

出於對知識的渴求，對未知世界的探索，他如癡如醉地汲取知識的精華，排斥迂腐無用的經院哲學，努力掌握實用的知識和技能，「百科全書式的學者」的榮譽完全可以印證他卓越的學習能力。

個人的力量是微小的，個人的視角也是狹隘的，洛克深諳其中道理，因此十分注意營造自己的交際活動，有幸在大學期間結識眾多的優秀人物，從他們身上吸取了科學的研究方法並且感受到了他們偉大的人格魅力，這些對於洛克而言都是無窮的財富。

每個人被賜予的成功機會是相等的，但是問題是等到機會來臨的時候你有能力將它抓住不放嗎？

或者你只能無奈地看著機會「來也匆匆去也匆匆」？

如果你極其浮躁，無法將大學期間的寶貴時間成本變爲未來可以支出財富的資源，無法掌握未來基本的生存技能，結果只會

被社會淘汰。

　　假如當初洛克並沒有精通醫道，那麼他很可能無法結識勳爵，無法在勳爵的幫助下走向自己政治生涯的頂峰。

　　也許，四年的時光對於整個人生來說只是短暫的一瞬，也許，在你不經意間它已經悄悄溜走。但是請記住，對於充滿夢想的你而言，在這四年中，你的師長、你的同學、你的戀人、你的知識、你的朋友，這一切一切的經歷必將帶給你無法估量的人生財富。

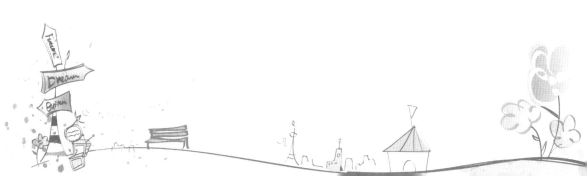

光做白日夢，最後仍是一場空

 人不能生活在幻想和美夢當中，也不能生活在回憶和悔恨當中，我們所能做的就是將自己的夢想轉化為現實，即「把握當下」。

「有志者，事竟成」是一句流傳長久但又千真萬確的格言。一個人如果下定決心去做某件事並付諸實踐，就會憑藉這種力量，跨越前進途中的層層障礙，成功也就有了切實可靠的保證。

但是，很多人似乎天生就有愛做「白日夢」的習慣，而且還身陷其中，不可自拔，他們看起來似乎和別人一樣有著「偉大」的夢想，但是他們虛弱的行動力無法讓大家認為他們的言行具備同樣的說服力。於是，我們又會看到這樣一個必然的結果，成功者和失敗者自然而然區分開來。

很多年輕人在成長過程中，一定都「不幸地遭受」父母類似這樣的訓誡，不過請不要太在意，青年時代是一生中夢幻般的季節，擁有一生中最為絢麗多姿的色彩，年輕人愛做夢、愛幻想，憧憬未來躊躇滿志，這本無可厚非。但是如果對此樂此不疲，而且做夢成癮，那樣只會生活在虛無縹緲的夢境中，即使成功離你只有咫尺之遙，依然無法得到成功的青睞。

太多的「白日夢」只會浪費寶貴的時間，耗損有限的精力，是對現實生活及責任的一種不健康的逃避。缺乏行動力支援的夢想根本無法轉化為現實，充其量只能是一個童話故事。

很多著名的勵志學家們，如美國的卡內基、英國的斯邁爾斯等人，都用他們自己的人生經歷總結出有益的人生經驗，告誡愛做「白日夢」的年輕人：做夢雖是你們的天性，但是不要忘了，人類的偉大更是展現在實踐活動中的，正是憑藉上天賜與的智慧和力量，我們將夢想轉化為現實，並且透過行動來改變這個未知的世界。

「白日夢」除了能打發時間，聊以自慰一下我們浮躁的虛榮心外，實在找不出它的第三種「好處」。其實，很多人的失敗不僅僅是因為沒有信心而跌倒，更因為始終不能將信念轉化為行動，將自己所想轉化成自己所為，並且不顧一切地堅持到底。

通常做白日夢上癮的人一開始也都有著很遠大的理想和抱負，但是因為缺乏果斷的決策和立即行動的力量，心中的夢想便像缺乏養份的花朵一樣開始萎縮，惰性導致的各種消極想法衍生出來，到最後不敢再存有任何理想，於是就甘願接受命運的擺佈，過著「隨遇而安」、「樂天知命」的平庸生活，這也是為何成功者總是只佔少數的重要原因之一。

每個人都可以界定自己的人生目標，並且認真制定各個時期目標的具體內容，但如果始終沒有行動，結果還是會一事無成。

約翰‧麥克出生於英國的富商家庭，從小就對神秘的東方文化興趣異常，特別是對中國的歷史人文情有獨鍾，十分夢想能有機會親自到中國旅行一趟。

在大學一年級暑假期間，他訴自己無論如何一定要抓住這次機會，於是下定決心制定了一個的旅行計劃。

他花了幾個月時間作功課，對中國的藝術、歷史、哲學、文

化等有了一定程度的了解。他研究中國各省地圖，訂了飛機票，並制定詳細的日程表，標出要去觀光的每一個地點，每個小時去哪裡都定好了。

麥克有位大學同學知道他一直很期待這次旅行，因而在他預定回國的日子之後幾天來到他家做客，想聽麥克談談此次旅行的體會和感受。

同學問他：「中國怎麼樣？」

麥克無奈地答道：「我想，中國是不錯的，可我沒去。」

同學大惑不解地問：「什麼！你花了那麼多時間準備，最後竟然沒去，到底出什麼事啦？」

「我是喜歡制定旅行計劃，但我不願去飛機場，感覺路程太長，旅行又很辛苦，我有點受不了，所以待在家沒去。」

光是成天苦思冥想而不行動，再好的計劃也無法實踐，只會成為空談，沒有行動能力的人只是在做白日夢。

西方一位哲學大師說過這麼一句意味深長的話語，值得我們警惕：「很多事情似乎都很困難，但對於一些人來說，每天最大的困難就是離開自己溫暖的被窩，走進冰冷的房間。」

這句看似簡單生活常識的話語，背後深刻揭示了人性中普遍存在的弱點。尤其是在冬天，當你躺在床上認為起床是一件多麼痛苦的事時，它就真的成為一件極其困難的事了。大多數人的反應是心裡喃喃自語：「讓我再睡五分鐘，我馬上就起來。」

惰性是人性中普遍存在的毛病，「做夢成癮」的人更是如此，「白日夢」的存在可以使他們獲得心理上的滿足，但如果鞭策他們行動，他們的表現毫無疑問會像冬天早晨無法起床一樣：「明天我一定會去做。」

　　成功者往往很少受「白日夢」帶來的情緒影響，他們能克制自己，並積極推動甚至是強迫自己將夢想轉化爲現實，這是成功者必備的素質之一。

　　有一天，佛祖和棲息在寺廟前橫樑上的蜘蛛討論什麼是世界上最珍貴的，蜘蛛最初的回答是：「世間最珍貴的是得不到和已失去的。」

　　但後來牠投胎到人間親身經歷一番之後，卻有了另外一個答案：「這世間最珍貴的不是得不到和已失去的，而是現在能把握的幸福。」

　　與其失去之後才後悔，爲何不從現在開始就好好珍惜呢？

　　與其整天沉溺於不切實際的幻想和「白日夢」當中，爲何不腳踏實地從現在就開始努力呢？

　　人不能生活在幻想和美夢當中，也不能生活在回憶和悔恨當中，我們所能做的就是將自己的夢想轉化爲現實，即「把握當下」，創造一個屬於自己又無比充實的人生，這才是正確的人生態度。

調整心態才能跨越層層阻礙

既然理想和現實之間存在差距是無法更改的事實，那麼在圓夢過程中，很重要一點就是調整自己的心態。

　　從前有個窮苦善良的女孩，人們叫她灰姑娘。父親死後，繼母和她的兩個女兒對灰姑娘非常刻薄狠毒。有一次宮廷裡召開舞會，英俊的王子邀請所有的女孩去宮廷赴會，灰姑娘當然也非常想去，但是她的繼母堅決不肯，而是和自己的兩個女兒高高興興地去了。

　　最後，灰姑娘在仙女和動物朋友們幫助下，終於如願以償參加宴會。

　　穿上豪華的禮服之後，她看起來是如此高雅、漂亮、美麗動人極了。沒有人認出灰娘，以為她是一位陌生的公主，兩個姐姐也以為灰姑娘仍老老實實地待在家中的灰堆裡呢。

　　王子看到她，很快向她走來，伸出手挽著她，請她跳舞，而且再也不和其他女孩跳舞了，他的手始終不肯放開她。他們一起跳舞到很晚，王子很想將她留住，可是灰姑娘牢牢記住仙女叮嚀，說道：「晚上十二點之前我必須要回去。」

　　儘管灰姑娘非常渴望與王子長相廝守，但過了晚上十二點之後，夢幻般的魔法將失去法力，再也不能維持「公主」身分，只能變回普普通通的灰姑娘。

雖然這只是童話故事，但轉換個角度就會發現它對於現實生活的啓示，當萬分憧憬的理想與現實生活之間存在巨大的差距時，該如何處理心理的落差，該如何擺正自己的心態？

一、二十歲時期，正是愛做夢的年齡。雖然有著青春的活力和蓬勃的朝氣，但是因爲缺乏豐富的社會閱歷和實際經驗，等到看清楚整個社會現實時，才痛苦地發現社會眞的不像想像那麼美好，不像在學校憧憬的那麼美妙，就像遇見午夜之後的灰姑娘。

理想與現實的差距有時相當遠，而且每個人對心中的理想都有著不同的定義和概念。理想當然就是憧憬、希望、設想的生活，而現實則是實實在在的生活，當我們身心疲憊地爲了追求自己夢想的生活付出代價的同時，也不停地思索理想與現實之間的差距到底有多遠？

誰都無法對這個問題做出精確的定義。

擁有理想，可以激發鬥志，展開對生活的激情，也才會有前進的動力和奮鬥拼搏的勇氣。理想的對立面就是現實，現實的生活或多或少會逼迫你放棄這樣那樣的選擇，無論有沒有重要的理由，無奈一樣會產生。

日本著名作家村上春樹的作品《挪威的森林》，基調就是對無奈的現實生活的切身體驗，強調人在本質上是孤獨的。

現實與理想的差距是用語言無法形容的。就像我們很熱衷某項事業，但考慮到現實的許多問題時，不得不深思熟慮，再三考慮自己擁有的主客觀條件後，往往不得不做出一些無奈的選擇和放棄。但是，有一點我們必須認識：我們不能因此而放棄自己追夢的腳步，只不過是需要調整自己前進的方向。

　　既然社會不像想像中那麼美妙，理想和現實之間存在差距是無法更改的事實，那麼在圓夢過程中，很重要一點就是調整自己的心態，以社會現實為標準，調整自己的人生理想。如果無法做到這一點，讓自己繼續陷入「灰姑娘」的魔法夢幻中，後果將不堪設想。

　　每個人心中有著自己憧憬的理想，都想體會「灰姑娘變為公主」那一刻的美妙，可是魔法的時效是有限的，現實的世界是殘酷的。不過，如果我們換一種思維、一種方式、一種態度、一種心境，將會產生意想不到的效果。

PART 10

與其依賴魔法，
不如自己想辦法

在理想與現實的差距面前，
只有用勇氣與力量去正視它、克服它，
才能將夢想轉化為現實，
而不是幻想依靠虛無的「魔法」。

用勇氣面對理想與現實的差距

人要學會適應環境，才能生存，只有適應了環境，才有可能改變環境，這就是解決理想與現實差距的有效辦法。

　　湯姆大學畢業之後進入一家德國電器公司工作，不久就陷入矛盾的心理狀態，大學期間，他對社會有著美好的憧憬，但目前在公司所做的工作卻與大學期間的目標相差甚遠，湯姆在理想與現實之間苦苦徘徊。

　　他和好友安德森聊天時說道：「當理想無法在現實中找到的時候，我是極其的痛苦。我是需要理想的人，但矛盾來臨的時候我不知所措，失去了方向，就像一個無頭蒼蠅一樣亂撞。我該怎麼辦？」

　　其實，很多人都遭遇過類似的矛盾，也知道自己一直在逃避現實，完全活在自己理想的世界中，不食人間煙火。怎麼縮短理想與現實之間的差距呢？面對現實是必須的，儘管很多人的收入現在還可以，但就是找不到快樂的感覺，不知道脫離了理想，不按照理想去做事，還能怎麼快樂起來。

　　或許，你應該先平靜一下自己的情緒。其實，對於這個問題，你完全不必太在意，很多年輕人初入職場的時候，多半是像你一樣的「理想主義者」。

大學的時候，我們嚮往著畢業之後能進入這樣一家公司工作：老闆開明，紀律嚴明，整個公司有團結向上的團隊精神，而不是勾心鬥角，互相拆台，企業要有成熟的制度並且重視企業文化。但是後來就職的公司，與自己的理想還有不小的差距，或許老闆是個技術、業務精英，但對管理卻是一竅不通。他不注重我們非常看重的制度和企業文化，認為那些帶不來直接的經濟效益，重視的是做實事，無論公司多麼小的事都要親自過問。

我們一開始相當厭惡他，甚至想要跳槽。但後來相處久了，會發現他身上有很多我們不瞭解的優點，我們會開始敬佩他的膽識，敬佩他在業務方面的衝勁，或是敬佩他的人品。所以，儘管有時被他罵，也願意為他工作。

在這樣轉變的過程中，我們的目標也不斷調整。人要學會適應環境，才能生存，只有適應了環境，才有可能改變環境，要讓環境適應人，那是行不通的。這就是解決理想與現實差距的有效辦法。

老闆現在就是我們生存環境的重要組成部分，因此，儘量按照老闆的意思去做，等到老闆對我們產生足夠的信任時，再向他提出自己的意見，就有可能收到較好的效果。其實，只要你調整心態，一定會跨過理想和現實的鴻溝。

一定要有勇氣正視理想與現實之間的差距，並且不斷降低自己的心理落差，調整自己的目標，最後才能憑藉自己的努力和朋友的幫助，成功地走出了陰影。

既然社會不如我們想像的那樣美好，那我們自己要學會調整自己，一味沉淪下去不僅是缺乏生存智慧的表現，也是對自己不負責任的態度。

　　不光是普通人會遭遇到這類的難題，就連很多著名科學家也是如此，不過他們並非大家想像的那樣，都能夠正確地對待這個問題，甚至很多人也身陷其中，無法自拔。

　　愛因斯坦被譽世界一流科學家。一生輝煌無數，但也沒能解決自己想解決的「大統一場」論。不過，愛因斯坦在關鍵時刻把握住了自己，並沒有繼續深陷其中，沒有因為「大統一場」論無法解決而放棄了「廣義相對論」和「狹義相對論」的研究，在現實面前，愛因斯坦調整了自己奮鬥的科學方向，並最終獲得了舉世矚目的成就。

　　英國著名科學家牛頓更像一個「科學理想主義者」，並沒有像愛因斯坦那樣在科學研究的現實面前調整自己的目標。到了晚年，當他對個別自然現象無法做出自己認為的合理解釋時，實在無法忍受這種侷限的存在，無法忍受這種與自己理想生活衝突的存在，為了獲得一個令自己較為滿意的答案，牛頓毫不猶豫地投入了神秘學的懷抱，最終浪費了自己許多寶貴的科學研究時間。

與其依賴魔法，不如自己想辦法

在理想與現實的差距面前，只有用勇氣與力量去正視它、克服它，才能將夢想化為現實，而不是依靠虛無的「魔法」。

翻開人類的歷史，我們不難發現，凡是有成就的人，都是主動地去適應周圍環境，從小事做起，一步步走向成功的頂峰。有了這種認知和心理準備，就可以克服人好高騖遠的通病，使自己的願望與社會現實相適應。

首先要理性地看待自己，學會正確而全面地做出自我評價，對自己的學習能力、工作能力、愛好特長、優勢劣勢更有完整的把握，這樣，在理想與現實的差距面前，才不至於驚慌失措，像無頭蒼蠅一樣亂飛亂撞。

許多年輕人整天沈浸在夢想王國裡，缺乏對自己能力的評估和認知，常常眼高手低，不切實際，一旦走出校園，發現真實的社會與想像不一樣時，不是茫然無措，就是怨天尤人，要是始終無法擺脫這種狀況，最終只會走向失敗。

傑克大學畢業以後，因為形勢所迫，不得已進入一家公司從事推銷員的工作，這與傑克在大學憧憬的理想生活相差甚遠。一段時間過後，他感覺自己實在是無法忍受了，漸漸產生了放棄的念頭。一連幾天，傑克都躲在家裡聽音樂或出去借酒澆愁，沒有

出去工作。

傑克的父親安德森曾是一家著名跨國公司的經理，已經退休在家，見到兒子這樣沉淪，決定把自己的日記拿給兒子看。

這是一本表皮很舊，經過裱糊的日記，其中有一部份記載了他當年初入職場時，身爲不知名小人物的歷程。

日記中記載著，在成長過程中，安德森始終將自己的夢想定位在「白領階層」，大學期間更是如此。畢業前，他以爲很快就可以實現自己的心願，但是現實與理想的差距實在太大了。

畢業以後，他費了九牛二虎之力才進入了一家普通的工程公司，而且是全公司薪水是最低的，這是他生活中的低潮階段，他常常對自己說：「這難道就是你所謂的美好理想嗎？這就是你想要的生活嗎？」

有一天一早，他去上班，被安排到組裝線上。

那時公司正在爲運輸工廠製造火車配件。他並不在乎老闆將他當作一般工人使喚，他需要的是實踐和鍛鍊。他得到了老闆許可後，下班後繼續留下來，不斷的努力著，後來工作速度比原先加快了一倍。

兩個月後的員工聚餐會上，「你爲公司工作感覺如何？」老闆問。

「不錯。」安德森說：「但我想我對組裝工作有點煩了。我想找點更具挑戰性的事情做，我可以學到更多的東西。」

「你願不願意到採購部門做一個訂貨員？」他問道。

「我當然願意。」

一年之內，安德森從組裝工人升到了採購部採購員，繼而又被提升爲燈光部門的助理經理。不久之後，他又被任命爲工業關係部主任。

　　這讓他認識到，在理想與現實的差距面前，擺正自己的心態實是在至關重要的，每個人都可以從最基層做起，一點一點地獲得成功。

　　看完當年與自己現在一樣做著小人物工作的父親的心路歷程，傑克感觸頗深。他合上日記，仰躺在床上，盯著天花板，自言自語地說：「看來我明天應該回公司努力工作了。」

　　人生的航船只有經過社會現實的考驗才能到達目的地，在理想與現實的差距面前，只有用勇氣與力量去正視它、克服它，才能將夢想轉化為現實，而不是幻想依靠虛無的「魔法」，使自己一夜之間美夢成真。

　　因為，再怎麼美好的夢幻，在夢醒的那一刻，所有的美妙終究會逝去。

不怕磨練，你也能滔滔雄辯

具備良好的口才並非是一蹴而就的，在遵循一定的方法的前提下，不斷努力，不斷實踐，只有這樣，才有可能真正具備這種能力。

口才對於成功的重要性，在於透過口才，可以證明你的腦力和思考能力，是別人判斷你的能力的外在依據。

良好的口才既可以說服人，也給人智力的享受。

古埃及有一個法老，一天晚上做了夢，夢到滿嘴的牙都掉了。他本人非常迷信，擔心這是個不祥之兆，連忙派大臣找來兩位解夢的神官。

這兩位神官一到，法老王就迫不及待地問道：「我夢見滿口牙都掉了，你們能給我一個解釋嗎？」

第一個神官聽了脫口便說：「這個夢預示著在您所有的親屬都死去以後，您也會跟著死亡。」

這個夢雖然解出來了，但是法老王一聽，心裡非常不高興。

第二個神官隨即說出了自己的想法，他說道：「至高無上的王，您將是您所有親屬當中最長壽的一位呀！」

同樣的內容，同樣的事情，兩個人就兩種不同的說法，也有不同的結果。第一個神官使得法老王十分生氣，賞他一百軍棍；第二個神官讓法老龍心大悅，獲得一百個金幣獎賞。

在現代社會中，許多服務性較強的工作對於口才的要求極其嚴格，如果你不具備這一點，將很難成功地使工作繼續下去，甚至會步履維艱。

麥克和傑瑞是同一所大學的同學，畢業以後，有幸進入同一家空調公司從事業務工作。一段時間下來，兩個人的銷售業績有著天壤之別，麥克平均一天只能銷售兩台空調，傑瑞卻能銷售三十多台。

麥克的銷售方式是這樣的：「先生，您想買空調嗎？我們公司新造的空調非常好，您買一台吧！」

傑瑞的方式是這樣的：「先生，您忙不忙？如果您不忙的話，能耽誤幾分鐘的寶貴時間嗎？我向您介紹一下我們公司最新的空調產品。這個空調整個的功能，和您的家庭現在所使用的空調有著很大的區別，它不僅能夠殺菌，而且能過濾空氣，全自動地定時關閉，最大的優點在於節約能源，可以為你節省一定的費用支出。在目前市場上現有的空調產品當中，我們可以用公司的信譽保證它的品質最好，功能最先進，而且價錢也是普通家庭可以接受的。另外，一般產品的保固期是兩年或者三年，我們產品的保固期是五年。先生您不妨用自己的切身體會做出最終決定的依據，如果您對我們的產品感到滿意，那將是我們萬分的榮幸。」

聽完上述兩位業務員的介紹，你的第一印象是什麼？如果你是消費者，請設身處地的考慮一下，你會選擇其中的哪一位？

毫無疑問，當然是傑瑞的產品。

良好的口才是成功的基石，但是想要輕而易舉地擁有打動人

心的口才，卻非一件易事，必須不斷訓練，西方有一句格言就說：
「詩人是先天的，演說家是後天的。」

美國成功學大師戴爾‧卡內基也曾經說道：「世間沒有天生
的演說家，當眾講話其實輕而易舉，只要遵循下面簡單而重要的
原則就可以了。一是借別人的經驗鼓起勇氣，二是時刻不忘目標，
三是立下『必成的決心』，四是抓住一切練習的機會。」

具備良好的口才並非是一蹴而就的，在遵循一定的方法的前
提下，不斷努力，不斷實踐，只有這樣，才有可能真正具備這一
能力。

美國第十六任總統林肯的談吐很有說服力，其實最初的時候
林肯語言表達能力極差，甚至有點口吃，第一次在大眾面前演講，
甚至到最後都不知道自己到底在說些什麼。

第一次與他的對手論戰，林肯滿臉通紅，連嗓音都變了。第
一次在州議會上發表政見，他的嗓子裡面好像被棉花堵住了，臉
色鐵青，不知道雙手放在何處。

後來，林肯不斷地努力訓練自己的語言表達能力。走在鄉間
的小路上，他見到樹林、高粱田，便以它們為假想的觀眾進行練
習，手勢怎麼做，面部表情應該如何表達，都仔細練習和修正。

經過長期的苦練，最後林肯終於成為享譽世界的演說家、雄
辯家。例如，著名的蓋茨堡的演說，總共才三分鐘十句話，竟然
使在場的一千五百名觀眾落下了感傷的淚水。

在古希臘，能夠在公眾場合登台演講的人，通常是被視作城
邦領袖來看待的。

當年輕的德摩斯梯尼懷著激動的心情第一次登台演講的時候，

希望得到的是觀眾肯定自己的掌聲和大家歡樂的笑聲。

　　但是，他最初的演講實在令人不敢恭維，他在演講過程中不斷地聳肩，對於語言的把握極不到位，整個演講顯得不倫不類，底下的觀眾再也無法忍受下去，把他轟下台去了。

　　德摩斯梯尼並沒有氣餒，回家以後，閉門謝客，拼命地練習演說。

　　為了克服自己聳肩的毛病，他在屋樑上吊了兩把寶劍，劍尖正好對著自己的肩膀。經過這樣長期的練習，聳肩的毛病克服了，下一步就是解決語言表達的問題。

　　他找一個小鵝卵石含在自己的嘴裡，每一次說話的時候，都強迫自己以這種方式表達自己的看法。經過艱苦的努力和訓練，他的話語表達能力終於達到了爐火純青的地步。

　　至於演講時中氣不足該怎麼辦？他邊朗誦詩歌，邊往山上跑。最後，終於三個毛病都克服掉了。

　　豐富的學識和思想見地，再加上身體條件的鍛鍊，使得德摩斯梯尼最終練就了一副卓越的口才，當他再次登台演講的時候，人們的掌聲如雷響起。最後，他的七篇經典演說永垂史冊。

　　英國大文豪蕭伯納，年輕時被大家稱為英國最為膽怯的人之一，有時候因為工作上的關係需要和別人聯繫，但他非常膽小內向，不敢與別人搭訕。為了鼓足勇氣，他常常獨自一人在堤壩上走二十分鐘或更長的時間，最後才能壯起膽子去敲別人家的屋門。他承認：「很少有人像我這般為了怯懦膽小而痛苦，我極度為它感到羞恥。」

　　後來，他決心把自己的弱點變成強有而力的資本，有意識地尋找機會鍛鍊口才。他參加一個辯論協會，每當有公眾討論的聚

會必定參加，抓住機會就發言。他全身心投入社交活動，積極四處演講，終於成爲二十世紀前半英國最有信心、最出色的演講家之一。

有人問他，是如何學得聲勢奪人的演講的，他笑道：「我是以自己學溜冰的方法來做的——固執地一個勁兒讓自己出醜，直到我習以爲常爲止。」

在人生的舞台上，你永遠是自己的主角，如果想要更加完美地在別人面前展示自己，必須學會與人交流，必須具備良好的口才。如果你無法抓住這個關鍵性的要素，就只能遺憾地感慨成功已離自己越來越遠。

懷抱夢想生存，生命才有靈魂

只有樹立一個切實可行的目標，堅持不懈的努力，才能使自己變得越來越有力量，才能使自己逐漸成熟起來。

人生在世，如白駒過隙，轉瞬即逝，當我們認識到生命本身依然存在界限的時候，就代表已經從內心深處下定決心要去做些什麼了。夢想對於我們來說，就如靈魂對於肉體那樣重要。

正如名作家羅蘭所說的：「人生是不賣來回車票的。一旦出發，就再也回不來了。」生命的列車只要一出發，就不會停下來了，也根本不可能在途中下車。我們能做的就是仔細決定目標，勇於奮鬥，把握現在。

普天之下，芸芸眾生，誰不想實現自身的價值？誰不想擁有傲人的成就和財富？尤其是那些有抱負的人，更加渴望著轟轟烈烈的輝煌人生。

然而，人生成功的起點在哪裡呢？究竟什麼才是做事成功的開端呢？無數範例已經告訴我們，做事成功的起點就是確定目標，努力地將夢想付諸實施。

先讓我們看一下台灣塑膠大王王永慶早期成功的故事。

王永慶出生在台北縣新店，少年時期家中日子過得很清貧，小學畢業後就到一家米店工作，當時他就有著創業的夢想，決心

日後開一家米店。

十六歲時，王永慶開始圓夢。

米店開張之初經營非常苦難，因為幾乎每個家庭都已經有了自己習慣買米的米店。但王永慶並不悲觀失措，反而挨家挨戶上門推銷，終於爭取到了幾個客戶。

爭取到客戶以後，王永慶心想：「如果我的米和服務品質不比別人好，爭取來的客戶遲早也會流失，我必須在這上面下功夫。」於是，他主動上門服務，瞭解每一位客戶的資料，力求把米的品質提高到最好的程度，同時將價格壓低。後來，他的米店終於躋身到了大規模米店的行列。

米店之所以成功，完全歸因於王永慶心存大志並且努力奮鬥的積極心態，他一步一步努力，終於使自己的生意越做越大。

當一個人擁有了明確的目標之後，就樹立起對人生的信念。有了堅定的信念就能夠將自己的工作做到最好，並且會覺得工作時很有信心，也很快樂。

當工作有了起色之後，將會更加激發自己的信念：信念愈加堅定，便會隨之進入更為良好的工作狀態，如此在「信念——工作——信念」之間就形成了一種良性的循環。

如果你始終活得無精打采，缺乏目標，就會對自己和工作失去信念，缺乏信念也就很自然地失去了奮鬥的衝勁。原本擁有的能力也會因為奮鬥目標的消失而消失，這時候你會覺得身邊的工作越來越不好做，人生愈發不順心，一切都很糟糕，無形之中形成了一種惡性循環。

人生是必須設定目標的，但是對於大多數人來說，生活就是

在生命的海洋裡「隨波逐流」，沒有考慮這種生活方式究竟意味著什麼。要知道，沒有方向、沒有目標的生活是十分危險的，每一個不想遭遇災難和毀滅的人，都應該立即警醒，終止這種漫無目的的漂流。

生活中沒有夢想或目標的人，言行舉止很容易受到情緒的影響，哪怕只是一件微不足道的小事，也會讓自己煩惱、恐懼、憂慮。承受力就像一根葦草一樣脆弱，任何的風吹草動，都足以摧折。做任何事情，總是左顧右盼，前怕豺狼後怕虎豹，不可能有堅強的毅力和頑強的鬥志，當然無法逃脫失敗和不幸。

軟弱無能的人往往是因為生活中沒有夢想，只有樹立一個切實可行的目標，堅持不懈地努力，才能使自己變得越來越有力量，才能使自己逐漸成熟起來。

如果一個人因為缺乏夢想，使得行動缺乏理性的判斷力，將導致悲劇的發生，這點值得每個人深切自省。

別讓夢想變成遙不可及的幻想

無論夢想看起來多麼遙不可及，多麼渺茫，只要有一顆執著的心，實現夢想的那一天並不遙遠。

　　〈八英哩〉是艾米納姆自編自導的傳記電影，也是他自身現實生活經歷的縮影。片名「八英哩」取自底特律城的八英哩街道之名，這條街是底特律城市與郊區的分界線，也是黑人與白人居住區的界線。

　　故事起始於一九九五年冬天的底特律。在一家名為 The Shelter 的 hip-hop 俱樂部裡，每到週末樂手們都聚集在一起，進行一對一的六十秒鐘表演比賽，最後由人群決定誰是這一輪的勝出者，勝出者可以進入下一輪比賽，直到決選出週冠軍。然而，當輪到艾米納姆飾演的小吉米·史密斯上台表演之時，他卻緊張得愣在場上了。

　　隨後我們進入到吉米的個人生活之中，他是底特律一名工廠的修車工，是個喜歡與別人打架的痞子，後來在酒店當服務生，與女友分手後丟掉了汽車，不得不回到拖車裡與母親以及同母異父的妹妹生活在一起。

　　現實與回憶的畫面不斷交錯，吉米不僅要面對被轟下舞台的尷尬處境，還要應付一起與母親在拖車裡的生活。與此同時，母親男友的出現，來自工作、生活的和朋友的壓力，與一群 hip-hop

樂手的激烈競爭⋯⋯所有這一切，都需要他去面對解決。

有的時候，無論我們生活在何處，無論我們是誰，都會被各種界限包圍著。有些界限是真實的，有些可能只是想像；有些人滿足於規矩地生活在這些界限之中，可能也有些人想要衝破這些界限，即使另一面完全是未知的領域。

艾米納姆是個很難用語言界定的人物，他是一個難得的影星、一個說唱界的壞小子，還是文化圈的避雷針，他所屬唱片公司的總裁吉米·埃爾文甚至稱他是過去二十五年整個流行音樂史上最偉大的天才之一。

在密西根度過的艱難的童年和青少年時代，成就了他如今在舞台上的輝煌，所有這些都呈現在這部以這個天才說唱歌手為中心的傳記影片裡。

充滿性、毒品與暴力的歌詞，放蕩的個人生活，憤世嫉俗無所不罵的人生態度，與母親反目成仇的關係，以及與妻子的分分合合，所有這一切都讓艾米納姆成為萬人矚目與爭議的焦點。

這個自命為「世界上最卑劣的人」，痛恨在貧窮中成長，痛恨在破碎的家庭中被撫育，痛恨一直無法擺脫的種族偏見，得罪的人遍地都是，但他的支持者仍稱他為「Great White Hope」。

影片聚焦於一個年輕人的生活，在影片裡我們看到的是頹廢、抗爭和奮鬥，完全體現了年輕一代明星的夢想和對藝術的追求，表現出主角試圖衝破團體與家庭的束縛，建立自己個性的情感鬥爭。

他用音樂表達憤怒和恐懼，和自己抗爭、為藝術奮鬥，跨越種族與個人的身心障礙，最終逃離底特律城。

其實，細細看來，這部自編自導自演的自傳體電影，儘管包含了太多的「自我」，卻沒有在影片中刻意突出艾米納姆自己，每個角色的個性都異常鮮明，故事發生地也是「黑白分明」。

片中的「八英哩」是底特律城黑人與白人的分隔街道，也是貧富分化的標線，艾米納姆在那裡出生長大，本身就是一個矛盾體。他是個道地白人，卻窮得住在鐵皮屋；他夠痞卻又透露出一絲善良和愛心；經常被黑人幫圍毆，最好的朋友卻都是黑人；討厭和離異後，整日玩樂、頹廢地母親住在一起，卻因為無處可去而不得不那樣；原想透過音樂發洩心中的鬱結和不快，卻又在眾人的噓聲之下倉皇離場而更加歇斯底里……或許只有在矛盾中不斷地衝撞，才能給影片產生如此的震撼力。

〈八英哩〉帶給我們的不僅僅是視覺上的享受，更多的是心靈上的震撼，是源自一種內心深處的感動。

它讓我們明白，無論夢想看起來多麼遙不可及，多麼渺茫，只要有一顆執著的心，實現夢想的那一天並不遙遠。

但是，是否曾經想過，倘使認為自己猶如不起眼的雜草，如何談「夢想」兩字？這時的「夢想」只是遙不可及的虛幻，它只是當我們還擁有足夠時間揮霍的時候的「意淫」。

如果不敢衝破限制住我們的界限，當我們必須為衣食奔波，勞心勞神地活著時，心中的理想早已消失不見，連夢到的機會也會變得屈指可數。

或許，我們只能偶爾看一部諸如此類以夢想為主題的電影，重溫一番當年做夢的時光，僅此而已，再無其他。

用積極的心態改變未來

人必須用積極心態改變未來，努力幻想未來就是一種積極的人生態度，哪怕心中的夢想只是自我安慰，也好過一切。

　　這世界或許有兩種人，一種是一直緊追著夢想的人，少數人如願觸到了夢想，多數人卻在追趕的過程中瘋掉；另一種是在長大後告別了夢想的人，以務實為準則，就這麼為車為房困頓地活著。

　　絕大多數的人屬於後者，無可奈何地呼吸著都市中無味的空氣。也許這種情況某一天會發生變化，但發生的機率微乎其微。

　　〈八英哩〉中的主角吉米屬於前者，他生活在這個世界的最底層，做些在別人眼裡認為「低賤」的工作，只為了混口飯吃，但卻勇於追逐夢想。

　　不論何種行業，不論高低貴賤，其實都是一樣地活著，撕去光鮮的表面，本質又有何不同呢？

　　渾渾噩噩，誰都不喜歡自己的這種狀態，但大多數人早已忘記了自己的夢想，又或者根本不曾有過。

　　電影中，吉米終於在特殊的時刻爆發了，內心深處對於夢想的渴望使他無法壓抑自己真實的感受。小人物渴望成名的願望變得無比強烈，不僅是因為夢想，還有一種擺脫殘酷生活的渴求。吉米與那些追逐 hip-hop 的樂手們，一起開始朝夢想出發的艱難

歷程。

　　不同國度、不同人群，都有達到夢想的最擅長的途徑，如巴西的孩子們渴望用足球接近夢想，改變自己的生活；美國的黑人們可以靠打籃球，使自己功成名就，音樂同樣是他們的強項。節奏布魯斯、嘻哈樂、爵士樂這些世界流行的音樂形式全都源自黑人最初的音樂，這些底層的黑人們有著天生的音樂才華，他們在街頭自娛自樂的音樂日漸發揚光大。

　　吉米的 hip-hop 音樂和所有黑人的饒舌歌一樣，充滿粗口、暴力、消極、憤怒情緒，但卻是最真實的底層心情寫照，他將自己的生活寫成歌詞唱出來，引起同一族群的共鳴。但是在還沒有達到夢想彼岸時，這個世界依舊現實，通往夢想的路途依舊困難重重。

　　電影裡最令人感動的一幕是，在飆歌的舞台上，歌手們都用惡劣、冷峻的神色看著對手和下面的人群。他們用粗俗、放肆的歌詞表達著憤怒、憎恨、不滿和得意。

　　歌手的表演時間只有四十五秒，在四十五秒的時間裡，歌手們要合著快速激越的音樂節奏，唱出有韻律的即興歌詞。要擊傷和擊敗對手最有效的方法就是動搖對手的自信，撕裂與摧毀對手的自尊，在唱詞裡透過對對手的身體器官、服飾與行為的刻意調侃、惡毒嘲笑、無情批評以及譏諷對手的性狀態等等描述與話語，置對手於死地。

　　吉米在第一次交手時，拿著麥克風卻一句也唱不出來，經歷了漫長刻薄的四十五秒，他崩潰了，噤聲引來滿場噓聲。一個星期以後，吉米再次站在舞台上，上週的黑人冠軍面對吉米發自內

心深處的憤怒聲音，面對他對於夢想的饑渴時噤聲了，痛苦無奈地放下麥克風，放棄了與吉米決賽。

　　每個人都有不同的成長環境、不同的朋友、不同的經歷，每個人都有自己的一條界限。這條界限實實在在，沒有人能用他的標準來衡量你；這條界限卻又很模糊，很多時候是外界對自我的影響，如果你無視，那它又根本不存在。就像這條八英哩大街，分隔著白人與黑人，但其實又融合著，就像艾米納姆。

　　人生要如何起頭？改變又要如何入手？八英哩外又是怎麼樣一個世界？無論如何，人必須用積極的心態改變未來，努力幻想未來就是一種積極的人生態度，哪怕心中的夢想只是自我安慰，也好過一切。

生活講義

157

別讓將來的你，瞧不起現在的自己

作　　者　王　渡
社　　長　陳維都
藝術總監　黃聖文
編輯總監　王　凌
出 版 者　普天出版家族有限公司
　　　　　新北市汐止區康寧街 169 巷 25 號 6 樓
　　　　　TEL／(02) 26921935 (代表號)
　　　　　FAX／(02) 26959332
　　　　　E-mail：popular.press@msa.hinet.net
　　　　　http://www.popu.com.tw/
　　　　　郵政劃撥 19091443 陳維都帳戶
總 經 銷　旭昇圖書有限公司
　　　　　新北市中和區中山路二段 352 號 2F
　　　　　TEL／(02) 22451480 (代表號)
　　　　　FAX／(02) 22451479
　　　　　E-mail：s1686688@ms31.hinet.net
法律顧問　西華律師事務所・黃憲男律師
電腦排版　巨新電腦排版有限公司
印製裝訂　久裕印刷事業有限公司
出 版 日　2019 (民 108) 年 8 月第 1 版
I S B N◎978-986-389-654-8　　條碼 9789863896548
Copyright◎2019
Printed in Taiwan ,2019 All Rights Reserved

國家圖書館出版品預行編目資料

別讓將來的你，瞧不起現在的自己／

王渡編著. ─第 1 版. ─：新北市, 普天出版

民 108.08 面；公分. -（生活講義；157）

ISBN◎978-986-389-654-8 (平裝)

CIP◎177.2

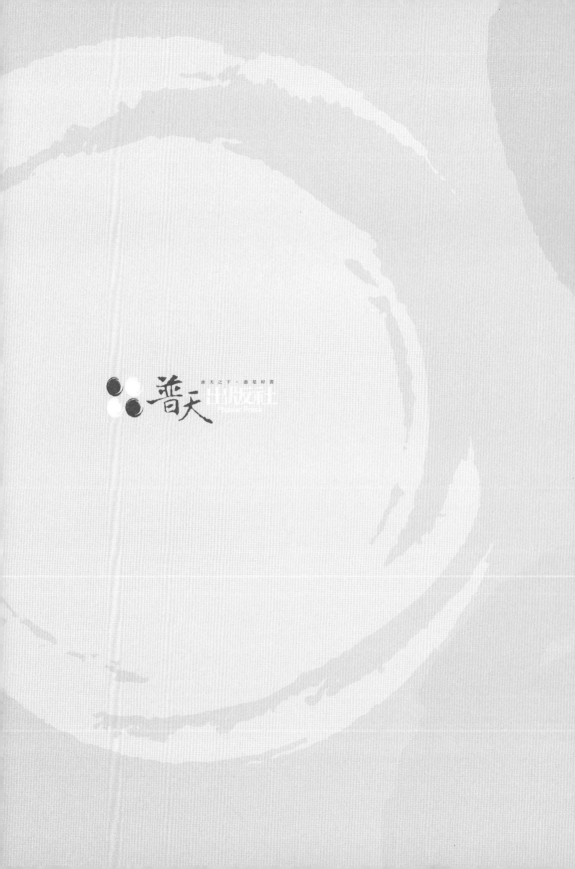